Керекские сказки

케레크인 이야기

<지식을만드는지식 소설선집>은
인류의 유산으로 남을 만한 작품만을 선정합니다.
오랜 시간 그 작품을 연구한 전문가가
정확한 번역, 전문적인 해설, 풍부한 작가 소개, 친절한 주석을
제공하는 고급 소설 선집입니다.

지식을만드는지식 소설선집

시베리아 설화집

Керекские сказки

케레크인 이야기

작사 미상

엄순천 옮김

대한민국, 서울, 지식을만드는지식, 2018

편집자 일러두기

• 이 책은 ＜Сказки и мифы Кереков＞(https://librolife.ru/g2783376), ≪Сказки и мифы народов Чукотки и Камчатки≫(Наука, 1974)를 원전으로 삼아 옮긴이가 가려 뽑아 번역했습니다.

• 이 책의 주석은 옮긴이가 직접 작성한 것입니다.

• 외래어 표기는 현행 한글어문규정의 외래어표기법을 따랐습니다.

차 례

까마귀 이야기

동물 이야기

지혜로운 케레크인 이야기

까마귀 이야기

쿠키 할아버지

어린 쥐들이 말했다.

"해변에 가서 놀자!"

해변에 간 쥐들은 뜻밖에 파도에 떠내려온 예쁜 바다표범 새끼를 발견했다.

"와! 바다표범 새끼다!"

"조용히 해! 쿠키 할아버지가 우리가 떠드는 소리를 듣고 쫓아올지도 몰라."

집에 있던 쿠키가 아내에게 말했다.

"미티! 밖에 나가서 뭐가 있나 둘러보고 오겠소!"

밖으로 나간 쿠키는 누군가 재잘거리는 소리를 들었다. 귀 기울여 자세히 들어 보니 쥐들이 찍찍거리는 것 같았다. 해변으로 나갔다.

"온다, 와! 쿠키 할아버지가 오고 있어! 내가 분명히 말했지! 우리가 떠드는 소리를 듣고 쿠키 할아버지가 올 수도 있다고!"

"조용히 해! 바다표범을 뺏길 수도 있어."

쿠키가 물었다.

"애들아! 뭐라도 찾았니?"

"아무것도 못 찾았어요."

할아버지가 보지 못하게 마른 바다풀로 바다표범을 덮었다.

"그런데 해변에서 뭘 끌고 왔니? 여기에 자국이 남아 있는데…."

"바다풀을 끌고 왔어요."

쿠키는 곰곰이 생각한 뒤 다시 말했다.

"얘들아, 내 머리에서 이를 좀 잡아 다오."

막내 쥐가 말했다.

"알았어요, 할아버지! 제가 잡아 드릴게요."

언니들이 막내를 놀렸다.

"얘! 너 뭐 하는 거야! 저렇게 더럽고 헝클어진 머리에서 어떻게 이를 잡겠다는 거야!"

쿠키가 심하게 화를 냈다.

"쟤네들이 지금 뭐라고 했니?"

"할아버지 머리가 너무 더럽고 헝클어져서 이를 잡을 수가 없대요."

"이 녀석들을! 가만두지 않겠다. 너희 당장 이리 와서 내 머리카락을 잡도록 해. 막내는 내 뒤통수를 붙잡아."

쥐들이 머리카락을 잡자 쿠키가 머리를 이리저리 세게 흔들었다. 그러자 쥐들이 공중제비를 돌며 바다로 날아가

물속에 처박혔다. 하지만 막내만은 무사했다. 막내가 훌쩍거렸다.

“잉잉! 할아버지는 나빠요. 왜 머리를 흔들었어요? 언니들이 물에 빠졌잖아요!”

“괜찮다, 걱정하지 말거라. 곧 해변으로 나올 거다. 언니들은 수영을 아주 잘하잖니. 이제 무얼 숨겼는지 보여 다오. 어디에 있니?”

“이미 말했잖아요. 바다풀이에요.”

쿠키는 이 말을 믿지 않았다. 바다풀을 걷으니 바다표범 새끼가 누워 있었다.

“왜 할아버지에게 바다표범을 숨겼니? 바다표범을 반으로 나누는 게 어떻겠니?”

막내는 참 순진했다.

“좋아요. 반으로 나눠요.”

바다표범을 반으로 나눈 뒤 각자 집으로 갔다. 쿠키가 바다표범을 가지고 집으로 가자 아들 아우팔리가 마중을 나오면서 물었다.

“아버지! 대체 뭘 가지고 오신 거예요?”

“보거라! 바다표범 새끼다. 감사 의식을 해야 한다고 엄마에게 말해라.”

아우팔리가 냅다 집으로 달려갔다.

“엄마! 아버지가 바다표범 새끼를 가지고 왔는데 감사 의식을 해야 한대요.”

“으응? 바다표범 새끼?”

“예! 아주 어린 새끼예요.”

쿠키가 오자 미티는 노래하고 춤을 추면서 정령들에게 감사를 드렸다.

“쿠우키이가 바다표범을 가지고 왔어요!”

“됐어! 이제 충분해! 밖에 있을 테니 바다표범을 삶아 가지고 오시오. 신물이 나도록 실컷 먹어 봅시다!”

미티는 바다표범 고기를 삶아 냄비에 담아 쿠키에게 가져다주었다. 고단한 쿠키는 바다표범 고기는 먹어 보지도 못한 채 잠이 들었다. 물에서 나온 쥐들은 집으로 달려가서 할머니에게 일렀다.

“할머니, 저희가 왔어요. 그런데 쿠키 할아버지가 바다표범을 반 마리나 빼앗아 갔어요. 엉엉!”

“울지 말거라. 쿠키 할아버지가 잠이 든 사이 몰래 도로 가지고 오면 되지 않겠니?”

그렇게 하기로 했다. 쥐들은 모두 쿠키의 집으로 몰려갔다. 쿠키는 아무것도 모른 채 입을 헤벌리고 자고 있었다. 쥐들은 쿠키의 입에다 구토를 한 뒤 냄비에 있는 고기를 가지고 달아났다. 잠시 뒤 쿠키가 잠에서 깨어났다.

'미티가 내게 이상한 걸 준 것 같은데. 입에서 쥐똥 냄새가 나잖아…. 거참 이상한 일이야!'

미티가 왔다.

"냄비가 텅 비었어요! 빈 냄비예요!"

"뭐라고! 이놈의 쥐들을! 내 당장 쥐들에게 가야겠어! 작은 냄비 하나만 주시오!"

씩씩거리면서 쥐의 집으로 간 쿠키는 쥐의 집을 마구 흔들었다. 할머니 쥐가 막내 손녀에게 말했다.

"막내야, 잘못하다 너희 모두 죽겠구나. 할아버지에게 왜 그러는지 물어보아라. 그리고 너는 쿠키의 아들인 시쿨릴란의 딸이라고 말해라."

막내 쥐가 밖으로 나갔다.

"할아버지! 왜 그러세요? 너무 놀랐잖아요. 제발 집은 흔들지 마세요. 그러지 마시고 저희 집에 도토리가 많은데 드시겠어요?"

"됐다! 너나 많이 먹어라! 그런데 왜 바다표범을 가지고 갔니?"

"예에? 저희가 바다표범을 가지고 갔다고요? 할아버지하고 바다표범을 반으로 나누었잖아요! 저희는 저희 몫만 가지고 왔어요."

"네 말을 믿을 수가 없어!"

"그러면 어쩌시려구요? 제 언니들을 죽이기라도 할 생각이세요?"

"그렇다! 말리지 말거라!"

쿠키가 쥐의 집으로 들어갔다.

"할아버지! 제 말을 들어 보세요! 제발요!"

쿠키가 냉정을 되찾았다.

"너희를 더 이상 놀라게 하고 싶지는 않구나. 그러니 바다표범 고기를 이리 가져오너라! 안 그러면 집을 무너뜨리겠어!"

"할아버지, 대체 바다표범 고기가 어디에 있다고 그러세요?"

이 말에 광분한 쿠키가 집에 입김을 불자 집이 와르르 무너져 내렸다.

"으악! 도대체 집이 왜 이러는 거야!"

쥐들은 갑작스러운 상황에 너무 놀라 혼비백산했다.

"나는 아무 짓도 안 했어. 집에 입김을 조금 불어 넣은 것뿐이야."

쿠키가 집을 다시 지어 주자 할머니 쥐가 말했다.

"자, 여기 도토리가 있으니 마음껏 드세요. 그러고 나면 아이들이 머리의 이를 잡아 줄 거예요!"

어린 쥐들이 쿠키 할아버지의 머리에 있는 이를 잡는 사이 쿠키는 스르르 잠이 들었다. 할머니 쥐가 말했다.

"이미 어두워졌구나. 할아버지가 집에 돌아갈 때가 되었어. 빨리 할아버지의 눈썹을 헝클어트리고 모래를 뿌려 놓아라!"

손녀 쥐들은 할머니가 시키는 대로 했다.

"아함! 내가 깜박 잠이 들었구나. 아가씨들이 내 머리의 이를 잘 잡았으리라 믿고 나는 집으로 가겠다."

할머니 쥐가 쿠키 할아버지를 배웅하러 나갔다.

"집 근처에 가면 눈썹을 밑으로 내리셔야 합니다! 우리 손녀들이 할아버지 눈썹에서도 이를 잡는다고 위로 올려놓았거든요."

집 근처에 간 쿠키는 할머니 쥐의 말이 생각나서 눈썹을 아래로 내려뜨렸고 모래가 우수수 눈 안으로 쏟아져 들어갔다.

"아악! 땅이 불에 타는 것 같아! 아무것도 안 보여! 이게 대체 무슨 일이야! 아악! 살려 줘!"

화가 머리끝까지 난 쿠키는 길길이 날뛰면서 소리를 질렀다.

"미티! 미티! 빨리 불을 꺼! 땅이 불에 타고 있어!"

아들 아우팔리가 뛰어나왔다. 쿠키가 아들을 잡으려는 순간 아내가 다가와서 눈썹에 묻은 모래를 털어 주었다.

"왜 이렇게 말을 안 듣는 거예요! 도대체 쥐들한테는 왜 간 거죠? 그렇게 가지 말라고 했건만…. 쥐들이 당신 눈썹을 헝클어트리고 모래를 뿌려 놓은 거예요. 땅이 불에 타긴…. 말도 안 되는 소리를 하고 있어요!"

"아악! 쥐들이 내게 무슨 짓을 한 거야! 다시 가야겠어. 작은 냄비 하나만 주시오."

씩씩거리면서 다시 쥐들을 찾아간 쿠키는 집을 흔들어 댔다. 이 순간 쿠키는 앞으로는 절대 쥐들의 말을 믿지 않겠다고 다짐을 하고 또 다짐을 했다. 할머니 쥐가 막내 손녀에게 말했다.

"가서 말해라. '할아버지, 왜 저를 놀라게 하세요? 저는 시쿨릴란의 딸이에요'라고 말이다."

쿠키에게 간 막내 쥐는 할머니가 시키는 대로 했다.

"네 말은 절대 믿지 않는다! 왜 내 눈썹을 헝클어 놓고 모래를 뿌려 놓았니?"

"제가 안 그랬어요. 언니들이 그랬어요. 저는 그런 적 없어요."

"안 믿어!"

"할아버지, 정말이에요! 제가 한 짓이 아니에요! 그런데 저한테 왜 그러세요? 저는 할아버지 손녀잖아요."

"아하! 내가 깜박했다. 너는 내 손녀지!"

쿠키가 집에 입김을 불자 집이 와르르 무너져 내렸고 갑작스러운 상황에 놀란 어린 쥐들이 소리를 질렀다.

“어머! 아악! 또 집이 무너졌어!”

“살짝 입김을 분 것뿐이야. 집을 다시 지어 줄게.”

“할아버지! 자꾸 그렇게 심술을 부리지 말고 여기에 앉아 도토리를 드시면서 마음을 가라앉히세요.”

쿠키가 도토리를 먹고 있는 사이 할머니 쥐가 물었다.

“아이들보고 머리에 이를 잡아 주라고 할까요?”

“좋소!”

쿠키는 조금 전 일은 까맣게 잊고 또 잠이 들었다.

“코에다 그림을 그려라!”

손녀 쥐들이 쿠키의 코에 그림을 그리고 나니 할머니 쥐가 쿠키를 깨웠다.

“일어나세요. 벌써 밖이 어두워졌어요. 집에 가야 돼요.”

“아함! 아주 푹 잤구나. 진짜 단잠을 잤어.”

“그렇군요. 빨리 집에 가서 식사를 하세요!”

“도토리를 먹어서 그런지 물이 무척 마시고 싶군.”

물을 마시러 강으로 간 쿠키는 물에 비친 자신의 그림자를 보았다.

“어머! 코가 예쁜 여인이 있네! 이봐! 이리 와 봐. 얼굴을 자세히 보여 줘. 어허! 싫구나! 잠깐만 기다려. 집에 가서 선물을 가지고 올 테니 잠깐만 기다려. 당장 너와 결혼을 해야겠어!"

쿠키는 집으로 갔다. 결혼에 필요한 하얀 돌, 나무 탁자, 신발 닦는 솔, 커튼을 가지고 여인에게 갔다. 먼저 돌을 물에 던지니 돌이 꼴깍꼴깍 소리를 내면서 가라앉았다.

"아하! 마음에 드나 보네! 선물을 받았어!"

이번에는 나무 탁자와 신발 닦는 솔을 던졌는데 그냥 물 위를 둥둥 떠다녔다.

"저건 마음에 안 드나 본데…. 그렇다면 이번에는 내가 직접 가야겠어."

쿠키는 커튼으로 몸을 감싸고 용감무쌍하게 직접 물속으로 뛰어들었다. 강에 빠진 쿠키는 속절없이 바다로 떠내려갔다. 이 시각 미티는 불안한 마음에 안절부절못하고 있었다.

"쿠키는 어디로 간 거지? 해변에 나가 봐야겠군."

미티가 해변에 가서 보니 커튼이 파도에 밀려 떠내려와 있었다. 커튼을 들춰 보니 쿠키가 있는 것이 아닌가!

"이런 질투심에 눈이 먼 여자 같으니라고! 왜 온 거야?"

"내가 왜 질투심에 눈이 멀어요? 이상한 말을 하네. 당신이 커튼 안에 있는지도 몰랐어요."

"미티, 집으로 갑시다!"

"갑시다. 이 모든 게 쥐들이 당신을 놀려 먹기 위해 꾸민 짓이에요. 이제는 제발 정신을 차리세요."

남편 쿠키와 아내 미티

쿠키네 가족은 오랫동안 아무것도 먹지 못했고 굶주림에 진저리를 치고 있었다. 남편 쿠키와 아내 미티는 나무껍질이라도 구할 요량으로 숲으로 갔다. 뒤에서 따라오던 미티가 소리쳤다.

"숲에 더 자주 와야겠어요. 아이들이 너무 못 먹고 있어요. 앞으로는 나무껍질이라도 많이 먹여야겠어요."

쿠키가 숲에서 나무껍질을 구해 오면 미티는 나무껍질에 알을 섞어 아이들에게 먹였다. 하지만 남편 쿠키에게는 마지못해 아주 조금만 주었다.

"아이들 먹이고 나면 남는 게 없어요. 정 배가 고프면 낡은 덧신 끄트머리라도 드시구려!"

쿠키는 매일 나무껍질을 구해 왔고 미티는 늘 아이들에게만 주었으며 쿠키에게는 낡은 덧신의 끄트머리만 주었다.

어느 날 쿠키가 소용돌이를 발견했는데 언뜻언뜻 송어가 보였다. 송어가 쿠키를 불렀다.

"쿠키야, 이리 와 봐. 어머! 그런데 너 무슨 일 있니? 너무 말랐어! 뼈만 남았네!"

"먹지 못해서 그래. 우리 가족은 항상 배가 고파."

"어머! 불쌍해! 나와 결혼하자. 그러면 배고플 일은 없을 거야."

배고픔을 벗어나기 위해 쿠키는 송어와 결혼을 했다.

"이리 와! 물고기를 잡아서 집에 가져가!"

쿠키는 물고기를 잡아서 집으로 가지고 갔다.

"미티! 먹을 걸 가지고 왔어. 물고기야. 정말 많이 가지고 왔어."

"이걸 누가 줬어요?"

"내가 송어와 결혼한 대가로 받아 온 거야."

"이제부터 영원히 송어와 함께 살 거예요? 어떻게 할 거예요? 집으로 데리고 올 거죠?"

"다음에 데리고 올게."

"그러지 말고 지금 당장 데리고 와요. 되도록 빨리요. 어차피 한 가족인데 하루라도 빨리 같이 사는 게 좋지 않겠어요?"

쿠키는 새 아내 송어에게 갔다.

"내 아내 미티가 너를 데리고 오래."

"그래? 그럼 가지 뭐."

송어가 나갈 채비를 마치자 쿠키가 송어를 등에 짊어지고 집으로 갔다.

"미티, 네 친구를 데리고 왔어. 나와 봐."

"어머! 벌써 데리고 왔어요?"

"그럼!"

"이제 당신은 숲에 가서 장작과 나무껍질을 구해 오세요."

쿠키가 숲으로 간 사이 미티는 송어를 자른 뒤 맛있게 삶아 굶주린 아이들에게 주었다. 송어를 다 먹어 치우고 났더니 쿠키가 집에 돌아왔다.

"어머! 왔어요?"

"장작을 가지고 왔어. 그런데 송어 아내는 어디에 있어?"

"여기 없어요."

"어디에 있어?"

"글쎄요…. 집에 갔나? 아까 얼핏 보니 어디 나가던데요…."

다음 날 쿠키는 송어 아내를 찾아갔다. 송어가 구슬피 눈물을 흘리면서 쿠키에게 애원했다.

"미티가 나를 잘라서 삶았어요. 더 이상 나를 데리고 가지 마세요."

송어는 예전에는 기름지고 통통했는데 미티가 삶은 이후 아주 홀쭉해졌다. 송어의 간절한 부탁에도 쿠키는 송어 아내를 또 집으로 데리고 갔다. 잠시 후 쿠키는 여느 때와 다름없이 나무껍질을 가지러 숲으로 갔다. 이번에도 미티는 송어를 삶아 아이들에게 주었다. 얼마 지나지 않아 쿠키가 숲에서 돌아왔다.

"미티! 나무껍질 좀 받아 줘. 송어 아내는 어디에 있어?"

"여기에 없어요. 집에 갔나 봐요."

"왜 매일 여기를 떠나는 거지? 여기가 싫은가…."

쿠키가 송어를 찾아갔다.

"어디에 있어?"

"절대 안 갈 거예요. 미티는 나만 보면 잡아먹을 생각만 해요. 이제는 순진하게 미티에게 잡아먹히는 짓은 안 할 거예요."

"알았어. 미안해. 네게는 우리 집보다 여기가 더 편하겠구나. 내가 미처 그 생각을 못 했어."

송어는 다시 소용돌이에서 맘 편히 살게 되었다.

태양을 두려워하는 쿠키

쿠키가 미티와 결혼을 했다. 쿠키는 태양을 무척 두려워했다. 태양이 떠오르면 그 공포를 견디지 못해 맥없이 땅에 쓰러지고는 했다. 미티는 쿠키를 겁쟁이라며 나무랐다. 그 덕분에 미티 혼자 모든 일을 다 해야 했다. 심지어 먹을 것도 직접 구했다. 미티가 임신을 해서 두 아들을 낳았다. 아들들이 태어난 뒤에도 쿠키는 여전히 태양을 극심하게 두려워했고 항상 집 안에만 틀어박혀 있었다.

미티는 자주 바다에 나갔다. 그곳에는 미티의 둘째 남편이 있었다. 미티는 둘째 남편으로부터 바다 음식을 얻어와서 끼니를 이어 갔다. 얼마 뒤 미티는 둘째 남편으로부터 두 아들을 얻게 되었다. 쿠키의 태양 공포증은 여전했고 태양이 떠오르면 공포로 부르르 몸을 떨면서 땅에 픽픽 쓰러졌다.

쿠키와 미티 사이에서 태어난 두 아들의 이름은 시쿨릴란과 아난타킬란이었다. 둘째 남편과의 사이에서 태어난 두 아들의 이름도 똑같았다. 쿠키와의 사이에서 세 번째 임신을 한 미티는 시닐림닐나쿠트[1]와 아나이윱티나쿠트라는 두 딸을 얻게 되었다. 가족들을 먹여 살리느라 지칠 대로 지친 미티는 딸 한 명을 툰드라로 데리고 가서 이끼 위에 버렸다. 아들들은 쑥쑥 자라서 어느덧 순록 사냥을 하게 되었다. 쿠키가 아내에게 물었다.

"아이들은 어디에 갔소?"

"순록을 사냥하러 갔어요."

미티는 여전히 두 남편을 두고 살았다. 예전처럼 둘째 남편으로부터 바다 음식을 얻어 와서 끼니를 해결했다. 한편 미티가 버린 딸은 불행 중 다행인지 죽지 않고 살아남아 다른 사람의 손에 자라게 되었다. 어느 날 이웃 마을에 가게 된 두 시쿨릴란은 참으로 아리따운 아가씨를 보고 한눈에 반했다. 이들은 이미 어엿한 청년과 아가씨의 분위기를 물씬 풍겼다. 한 시쿨릴란이 아가씨를 길러 준 사람들에게 말했다.

"이제부터는 제가 저 아가씨를 보살피겠어요."

"좋아, 그렇게 하렴."

시쿨릴란은 그 아가씨와 결혼을 했는데 아가씨가 자신의 친동생이라는 사실은 끝내 알지 못했다.

---

1) 시닐림닐나쿠트 : 까마귀 쿠키의 딸이다. 케레크인 설화에는 치닐나쿠트, 치닐림닐나쿠트도 등장하는데 이는 지역에 따른 시닐림닐나쿠트의 음성 변형이다.

쿠키와 교활한 여우

여우가 딸 이민나를 불렀다.

"이민나야, 끈 좀 가지고 오렴!"

"어디 가려고요?"

"쿠키를 골려 주려고…. 훗훗…. 쿠키를 보기 좋게 속여서 먹을 걸 가져오마."

"엄마, 제발 이제 그런 짓은 그만하세요! 정정당당한 방법으로 먹을 걸 구하세요!"

"상관하지 마라. 네가 뭐라 그래도 나는 갈 거다!"

딸이 준 줄을 받아 든 여우는 길을 떠났다. 벌써 주위에는 어둠이 깔렸지만 달이 아주 밝게 비치고 있어 길을 찾는 건 그리 어렵지 않았다. 쿠키의 집에 간 여우는 눈 위에 신발 자국을 내어 마치 둘이 같이 온 것처럼 꾸몄다. 기초 작업을 끝낸 여우는 덧신으로 문을 두드렸다. 안에서 쿠키의 목소리가 들렸다.

"잠깐만 기다려, 잠깐만! 금방 나가!"

쿠키는 문 두드리는 소리가 한결같지 않고 들쑥날쑥해서 적이 놀랐다.

"그런데, 이 시간에 누구시오?"

"저예요, 여우! 남편과 같이 왔어요. 남편이 순록을 기르는데 순록들이 아주 겁쟁이예요. 이 근처까지 몰아왔는데 어떻게 해야 할지 모르겠네요."

"그러면 순록들을 다른 곳으로 보내."

"어휴! 그렇게 할 수 있으면 얼마나 좋겠어요. 이 녀석들이 겁이 많아서 그렇게 할 수도 없어요. 한쪽 모퉁이에 모아 놓을게요."

"알았어. 빨리 안으로 들어와."

"예, 그런데 부탁이 있어요. 남편은 밤에 주로 활동하기 때문에 빛을 아주 싫어해요. 미안한데 불을 좀 꺼 주면 안 되겠어요?"

쿠키가 집 안으로 들어가서 말했다.

"일리나우[2]야, 치닐나쿠트야, 불을 좀 끄렴."

쿠키의 아내인 미티가 화들짝 놀랐다.

"도대체 누가 왔기에 그래요? 빛을 싫어한대요? 알았어요. 그렇다면 할 수 없죠."

"이봐, 들어와. 불을 껐어. 남편이 순록 단속을 잘했겠지?"

여우가 쿠키의 집으로 들어가자 부부가 같이 왔다고 생

---

2) 일리나우 : 까마귀 쿠키의 손녀. 쿠키가 고래의 폐로 만들었다.

각한 쿠키 부부가 반갑게 맞아 주었다.

"어머! 오셨어요!"

"예. 여기는 제 남편이에요. 제 남편은 밤에만 활동한답니다."

"그렇군요. 일단 앉으세요."

"남편 덕분에 저는 어둠 속에서도 많은 일을 할 수 있어요."

"그렇군요. 뭘 좀 드셔야죠? 미티, 여우 부부에게 음식을 좀 가져다드려. 해산물을 드리는 게 좋겠어."

치즈와 고기를 먹기 좋은 크기로 썰어서 내놓았다. 교활한 여우는 음식을 모두 자루에 집어넣으면서 말했다.

"어휴! 실컷 먹었어요!"

"오랜만에 왔는데 더 드시고 가세요."

"그런데 알 소시지[3]는 없나요?"

"미티! 우리 집에 알 소시지가 있소?"

쿠키의 말을 들은 미티가 창고에 가서 알 소시지를 가지고 왔다.

쿠키는 여우의 남편이 부자라는 생각에 여우의 환심을 사려고 알랑거렸다. 여우는 알 소시지를 먹는 척하면서 자

---

3) 알 소시지 : 새의 내장에 새의 알을 넣은 소시지 모양의 음식이다.

루에 집어넣었다. 여우가 얼마나 교활한지 남편이 옆에 있는 것처럼 두 목소리를 내고 있었다. 게다가 거짓말을 참말처럼 유창하게 늘어놓으면서 혼을 쏙 빼놓을 정도로 쉬지 않고 이런저런 이야기를 쏟아 냈다. 달이 얼음 창문 사이로 밝게 비치고 있었다. 쿠키의 아들 아우팔리가 부모님에게 말했다.

"여우가 우리를 속이고 있어요. 혼자서 남편 목소리까지 흉내 내면서 말을 하고 있어요."

"아들이 뭐라고 소곤거리네요? 괜히 제가 불안해지는데요. 오늘 먹은 만큼 충분히 사례를 할게요."

쿠키가 아들에게 와락 화를 냈다.

"이 녀석아! 조용히 해! 너나 잘해!"

심상찮은 분위기를 감지한 여우가 말했다.

"어머! 이제는 진짜 실컷 먹었어요."

"왜요? 가시려고요?"

"예, 가 봐야지요. 남편의 순록들이 아주 겁쟁이라서 저희가 빨리 가지 않으면 놀라서 도망갈지도 몰라요."

여우가 남편의 목소리를 흉내 내면서 맞장구를 쳤다.

"맞아요. 아주 겁이 많은 놈들이랍니다. 저만 따르기 때문에 저 말고는 아무도 이 순록들을 다룰 수 없어요."

"그렇군요. 그럼 배웅은 나가지 않겠어요."

"예! 나오지 마세요. 우리끼리 알아서 갈 수 있어요."

"그렇게 하세요."

여우는 내심 기뻐하면서 밖으로 나가 음식이 든 자루를 짊어지고 뒤도 돌아보지 않고 냅다 집으로 달려갔다. 아우팔리가 부모님에게 말했다.

"엄마, 여우는 혼자였어요. 여우 옆에 남편 키미발틴 따위는 없었어요."

여우는 딸들이 있는 집에 도착했다.

"야호! 신난다! 룰루랄라!"

"어휴! 오시긴 오셨군요."

"그럼! 왔지. 자루를 풀어 막내에게 줘라."

누나들은 막냇동생 림노이닛킨에게 먹을 걸 주었다.

"알 소시지도 줬어요? 엄마! 대단한 능력이에요! 알 소시지는 뭐로 만들었을까요?"

"글쎄다…. 그런데 거위 창자에 알 노른자를 채워 넣었더구나. 해산물도 주었단다. 마른 고래 고기와 비계다."

다음 날 아침, 잠에서 깬 쿠키가 아들에게 말했다.

"애야! 발자국을 따라가 보아라. 여우 부부가 어디로 갔는지 보고 오렴."

아우팔리가 발자국을 따라가 보았다. 아우팔리가 돌아오자 쿠키가 물었다.

"그래, 어떠니?"

"발자국은 하나밖에 없어요."

"순록은 멀리에 세워 놓았나 보군."

그 시각 여우가 딸들에게 말했다.

"내일 다시 쿠키네 집에 가야겠구나. 겨울용 그물을 얼렸다 가지고 가야겠어. 너희는 내 뒤를 따라오너라. 모두 함께 가자!"

다음 날 저녁 어스름이 내리더니 이내 어둠이 짙게 깔렸다. 하지만 달빛이 휘영청 밝아 다니는 것은 문제가 없었다. 여우들은 쿠키의 집으로 갈 채비를 하다 얼음 구멍 옆에서 잠시 멈추었다. 엄마 여우가 말했다.

"얘들아, 여기서부터 그물을 끌고 가자. 조금 지나면 그물이 얼어붙을 것이다. 그러면 곧장 음식 창고로 가라. 틀림없이 주인들은 정신없이 자고 있을 거야."

주위에는 아무도 없었다. 야심한 밤인데 당연한 일 아닌가! 여우들만 바쁘게 움직이고 있었다. 여우들은 음식 창고에 들어가서 몽땅 끌고 나왔다.

"얘들아! 할 수 있는 한 모두 가지고 가거라. 나는 쿠키를 만나고 갈게."

아이들은 음식을 짊어지고 집으로 갔다. 시간이 가면서 그물이 얼기 시작했다. 얼은 그물이 부딪치는 소리가 마치

철이 부딪치는 소리처럼 들렸다. 쿠키의 집에 도착한 여우가 덧신으로 땅을 두드렸다.

"어머! 여우가 또 왔나 봐! 남편도 같이 왔나 보군. 잠깐 기다려요. 금방 나갈게요."

쿠키가 밖으로 나가 물었다.

"이봐요! 거기 누구예요?"

"우리예요! 우리! 어제 왔는데 오늘 또 왔어요. 남편이 아주 멋진 선물을 가지고 왔어요."

"그래? 선물은 어디에 있어?"

"저기 자루에 있어요. 그런데 아무 데나 놓으면 안 돼요. 철에 습기가 차면 녹이 슬 수도 있어요. 높은 곳에 올려놓으셔야 돼요."

"미티! 이리 와 봐! 여우가 정말 멋진 선물을 가지고 왔어! 철이야! 높은 곳에 올려놔!"

"잠깐 들어가도 될까요?"

"그럼! 빨리 들어와. 불은 이미 껐어."

"어머! 또 왔군요."

"예. 또 왔어요. 앞으로는 까마귀 오빠 언니를 자주 찾아와야겠다고 생각했어요. 비계를 좀 먹으러 왔어요."

비계를 먹기 좋은 크기로 썰어 그릇에 담아 내놓았다. 여우는 이번에도 남편과 같이 온 것처럼 꾸며 댔다.

"그런데 알 소시지는 없어요?"

"어머! 어쩌면 좋아! 어제 준 게 전부예요!"

"아쉽군요! 알 소시지는 내가 제일 좋아하는 음식인데…."

"그럼 잠깐 기다려 봐! 미티! 알 소시지 좀 찾아봐. 매부가 너무 오래 걸어와서 배가 고플 거 같아."

"아버지! 글쎄 제 말을 들어 보세요. 여우 혼자서 저렇게 떠들고 있어요. 두 사람 목소리를 내면서 우리를 속이고 있어요. 여우는 혼자예요!"

"어머! 아들이 또 뭐라고 소곤거리네요."

"아이가 그냥 떠드는 소리니 너무 신경 쓰지 마. 쓸데없는 말이야. 글쎄 여우 아줌마 혼자 왔다고 자꾸 그러지 뭐니. 아들이 의심병이 들어서 그런 거니 전혀 개의치 마."

"어머! 고마워요. 실컷 먹었어요."

"이게 우리 집 마지막 알 소시지예요."

쿠키의 손자인 잇침[4]도 여우를 살펴보고 있다가 불쑥 말을 꺼냈다.

"정말로 여우 혼자 떠들고 있는데요. 우리를 속이고 있어요."

쿠키는 손자의 말을 귓등으로도 듣지 않은 채 혼자 지레

---

4) 잇침 : 까마귀 쿠키의 신화적 손자다.

짐작으로 여우에게 말했다.

"더 먹을 수 있겠어? 더 먹고 싶으면 말해. 아니 그러지 말고 직접 얼음 자루에 가서 비계를 꺼내 먹어. 어젯밤에 조금밖에 못 자서 그런지 너무 졸려서 빨리 자고 싶어."

"비계가 더 있어요?"

"이미 말을 했잖아. 직접 식량 창고에 가서 얼음 자루에서 꺼내 먹으라고…."

미티는 그 시각 여우를 잡을 끈을 준비하고 있었다.

"어떻게 비계를 꺼내죠?"

미티가 말했다.

"이리 와서 얼음 자루에 발을 집어넣어 봐요. 아주 깊숙이 넣어야 해요. 더 깊숙이!"

여우는 미티가 시키는 대로 비계가 들었다는 얼음 자루에 발을 집어넣었다. 그 순간 미티는 여우의 발과 함께 자루를 묶었다.

"어머! 미티! 무슨 짓이에요? 왜 이러는 거예요?"

"왜 우리를 속인 거야! 네게 남편 따위는 없잖아. 혼자 왔잖아. 어제도 혼자 왔고."

쿠키는 달아나는 여우의 뒤에다 대고 미끼를 던졌다.

"콘티트발이라는 부잣집 여인이 있는데 그 여인에게 가서 우리한테 한 것과 똑같이 해 봐!"

여우는 발에 얼음 자루를 매단 채 달리고 있었는데 마치 덫에 걸린 것처럼 해괴망측해 보였다.

"이민나야, 큰일 났어! 발이 얼었어! 얼음 자루 때문에 덫에 걸린 것처럼 되었어!"

"엄마는 평생 교활하게 남을 속이고만 살았어요! 도대체 착한 짓을 하는 걸 본 적이 없어요! 왜 그렇게 사는 거예요?"

"쓸데없는 말 집어치워! 누구를 가르치려고 그래! 빨리 물을 끓여 내 발에 부어! 이민나야, 빨리 발을 풀어 줘!"

"내가 어제 분명히 말했잖아요. 그냥 가서 좋은 말로 먹을 걸 부탁하란 말이에요!"

"그래! 네 말처럼 부탁도 해 봤어. 그들이 얼마나 욕심이 많고 탐욕스러운지 네가 알기나 해! 좋은 말로 해서는 절대 안 줘."

이민나는 물을 끓여 엄마의 언 발을 녹여 주었다. 다음 날 잠에서 깨어난 쿠키가 아이들에게 말했다.

"창고에 가서 식량이 얼마나 남았는지 보고 오렴. 아마 다 훔쳐 갔을 것이다."

식량 창고를 보고 온 아이들이 말했다.

"아무것도 없어요. 몽땅 훔쳐 갔어요. 벽은 텅 비었고 바닥에는 뼈만 뒹굴고 있어요."

까마귀들은 식량을 모두 도둑맞았다. 하지만 거짓말쟁

이 여우가 쿠키가 던진 미끼 때문에 골탕을 먹게 될 거라고 생각하니 그런대로 기분이 풀어졌다. 여우는 마음을 진정하지 못했다.

"부잣집 여인 콘티트발에게 가서 먹을 것을 가져와야겠다."

"언제 가려고요?"

"내일 가야겠다."

"엄마, 이제부터라도 거짓말을 안 하면 안 될까요? 정당한 방법으로 먹을 걸 구하면 안 될까요?"

"정당한 방법으로는 먹을 걸 구할 수가 없어! 그들이 얼마나 탐욕스러운지 알기나 해! 빨리 자자. 내일 어두워지면 출발해야겠다."

다음 날 어두워지자 여우가 딸에게 말했다.

"이민나야, 끈을 다오. 먹을 걸 가지러 가야겠구나."

"제발 그러지 말고 먹을 걸 달라고 부탁을 해 보세요. 나쁜 짓은 이제 그만하세요. 게다가 콘티트발은 개 자매와 함께 살고 있잖아요. 무슨 일이 생기면 어떻게 하려고 그래요? 쿠키는 엄마의 발을 묶는 걸로 끝났지만 콘티트발의 집에서는 더 안 좋은 일이 생길 수도 있어요."

"알았다! 잔소리 그만해라! 네 말대로 가서 먹을 걸 달라고 부탁을 해 보마. 자, 이제 간다!"

여우는 부잣집 여인 콘티트발에게 갔다. 쿠키를 찾아갔을 때처럼 덧신 자국을 여기저기 내어 두 사람이 온 것처럼 꾸몄다. 여우는 문에서 멀찌감치 떨어진 곳에서 덧신으로 땅을 두드렸다.

"거기 누구세요?"

"나! 아니 우리예요! 우리!"

"우리가 누구예요?"

"키미발틴과 여우입니다. 저는 부유한 코랴크 사람에게 시집을 갔어요. 지금 순록들은 여기서 멀리 떨어진 피나크빈산에 있어요. 곧 우리의 순록 떼가 이곳을 지나갈 거예요. 그때 남편이 당신들에게 순록을 잡아 줄 거예요. 그런데 남편은 밤에만 활동하기 때문에 빛을 아주 싫어해요. 그러니 불을 좀 꺼 주면 좋겠어요."

불을 끄자 개 여동생이 말했다.

"언니! 여우 혼자 왔어. 옆에는 아무도 없어."

"그래? 아무렴 어때! 안으로 들여보내."

콘티트발은 개 여동생의 말을 믿지 않았다. 여우가 밖에서 소리쳤다.

"불을 껐어요? 그럼 안으로 들어갑니다."

안에 들어간 여우는 남편인 척하면서 전혀 다른 목소리를 냈다.

"저는 밤의 사람이라 어둠 속에서만 활동합니다."

"그렇군요. 여기에 앉으세요."

음식을 대접했지만 여우는 먹지 않고 계속 자루에 집어넣었다. 더 이상 넣을 수 없을 때까지 집어넣었다.

"그런데 알 소시지는 없습니까?"

"알 소시지는 없어요. 여자들끼리 살기 때문에 알을 구할 수가 없어요. 알은 절벽에 가야 구할 수 있잖아요. 그러다 보니 우리는 알 소시지는 만들지 않아요. 대신 비계를 더 드세요."

비계를 더 자르려고 하자 여우가 불쑥 말했다.

"이리 주세요. 제가 직접 자를게요. 당신들은 어둠 속에서 일하는 게 서툴잖아요. 잘 보이는 저기 문 옆에 가서 자를게요. 잘못하다가 손을 베이면 어떻게 해요."

개 여동생이 소곤거렸다.

"언니! 여우 혼자 왔어. 남편은 없어."

여우가 이 말을 들었다.

"동생이 뭐라고 하는 거죠? 나는 당신들을 속인 적 없어요. 동생을 물어뜯으세요. 순록 떼는 이미 가까이에 와 있답니다."

콘티트발은 버럭 화를 내며 몽둥이로 개 여동생을 때렸다. 이 상황에 여우가 불을 질렀다.

"개 여동생을 죽이세요. 당신에게 도움이 전혀 안 되는 것 같아요. 아니 도움은커녕 오히려 당신에게 해를 끼치는 것 같군요. 어머! 실컷 먹었어요! 순록 떼가 이미 가까이에 와서 데리러 가야겠어요."

"저도 당신들과 함께 가겠소."

"아니에요! 우리끼리 가겠어요. 남편의 순록들은 무척 겁이 많아서 낯선 사람이 나타나면 도망을 간답니다. 그냥 집에 계세요."

여우는 밖으로 나가 재빨리 달아났다. 콘티트발이 개 여동생에게 말했다.

"다시 여우가 우리를 찾아오면 너를 풀어 줄 테니 여우의 뒤를 추적하도록 해라."

한달음에 집으로 달려간 여우가 아이들에게 말했다.

"내일 나와 함께 부잣집 여인의 집에 가서 먹을 걸 가지고 오자. 그 집 창고에는 먹을 게 어마어마하게 쌓여 있을 게다. 내가 여인들과 노닥거리면서 정신을 쏙 빼놓을 테니 너희는 창고에 있는 식량을 몽땅 가지고 나오너라."

다음 날 여우 가족 모두 일심동체가 되어 개의 집으로 몰려갔다. 엄마 여우가 아이들에게 창고를 알려 주었다.

"빨리 서둘러라! 가지고 갈 수 있는 만큼 최대한 짊어지고 집으로 가거라. 나도 얼른 너희 뒤를 따라가마."

개의 집으로 달려간 여우는 이번에도 덧신으로 문을 두드렸다. 개들은 여우가 다시 왔다는 사실을 금방 알아차렸다. 개 여동생이 콘티트발에게 말했다.

"어제 분명히 내게 말했죠? 나를 풀어 준다고 했죠?"

"알았어. 잠깐 기다려 봐."

콘티트발이 밖에다 대고 소리쳤다.

"이봐요? 거기 누구세요?"

"우리예요! 우리! 어제 왔던 손님들이에요. 순록 떼가 벌써 가까이에 왔어요. 내일이면 이곳에 도착할 거예요."

"아하! 그렇군요. 눈을 털고 안으로 들어오세요."

"불은 껐죠?"

"예, 불은 껐으니 걱정 말고 들어오세요."

여우는 속으로 생각했다.

'어휴! 세상에! 오늘따라 왜 이렇게 떨리고 겁이 나지! 느낌이 안 좋은데….'

여우는 집 안으로 들어가면서 남편이 같이 온 것처럼 둘러댔다.

"잠깐만요. 남편이 모자를 벗은 뒤에 들어갈게요."

"앉으세요. 이리 앉으세요. 뭘 좀 드셔야죠?"

"글쎄요…. 뭘 먹긴 해야겠지만…."

여우는 이렇게 말을 하긴 했지만 너무 배가 고파 허기를 달래고 싶은 마음이 굴뚝같았다. 그 순간 콘티트발이 개 여동생을 몰래 풀어 주면서 소곤거렸다.

"집 안에서는 여우에게 달려들지 마! 처음에는 여우가 하는 말을 잘 들어 봐."

허기를 느낀 여우가 참지 못하고 부탁을 했다.

"비계를 좀 먹었으면 좋겠어요."

"비계는 문 옆에 있어. 그런데 여우 너! 지금 우리를 속이고 있지?"

"어머! 어머나! 그럴 리가 있겠어요!"

그렇게 말은 했지만 혼이 빠질 정도로 놀란 여우는 뛰어 일어나 달아났다. 개 여동생이 여우의 뒤를 쫓았다. 콘티트발은 개 언니도 풀어 주었다. 개 자매가 같이 쫓아갔다.

"얘들아, 죽기 직전까지 물어뜯어!"

여우가 있는 힘을 다해 전속력으로 달렸지만 개들에게 잡히고 말았다.

"어머! 왜 이래! 개들아, 아주 먼 옛날 우리는 형제였고 친구였잖아. 그런데 나한테 왜 이러는 거야? 제발 이러지 마!"

"거짓말! 우리는 여우하고 형제였던 적도 친구였던 적도 없어! 왜 도둑질을 하는 거야? 너를 갈기갈기 찢어 버리겠어!"

"에구에구! 그만해!"

"됐어! 이제 그만하자! 아이들에게 가게 내버려 둬. 여우를 제대로 혼내 줬네. 옷도 갈기갈기 찢어 버렸고."

여우는 완전히 찢겨 누더기가 된 옷을 입은 채 집으로 달려와서 엉엉 울었다.

"이민나야!"

"무슨 일이에요?"

"개 자매가 물어뜯었어. 옷도 완전히 찢어 놨어."

"그러게…. 엄마 같은 도둑은 그렇게 당해도 돼요. 다음에 그들에게 걸리면 그때는 엄마를 죽일 거예요."

"이제 다시는 안 그럴 거야. 정말이지 내가 또 그러면 죽음을 면치 못할 거 같아. 너무 힘들구나. 누워야겠다."

여우는 안정을 되찾을 때까지 집 안에 틀어박혀 있었다. 다음 날 잠에서 깬 개들은 창고로 갔다. 그런데 세상에! 창고 두 곳이 텅 비어 있는 것이 아닌가! 여우와 이야기를 나누는 사이 여우의 아이들이 여기에 있는 식량을 몽땅 가져간 것이었다. 없어진 식량은 아깝지만 여우에게 충분히 복수를 하지 않았는가! 이것으로 충분하다. 더 이상 여우가 오지 않을 테니까. 까마귀 쿠키가 아내 미티에게 말했다.

"콘티트발에게 잠깐 들러 봐야겠어. 여우가 그곳에도 왔다 갔을 거야. 내가 여우에게 콘티트발은 부자여서 먹을 게 무척 많다고 미끼를 던졌거든."

쿠키는 콘티트발에게 가서 신발에 묻은 눈을 털었다.

'어머! 쿠키 아저씨가 왔나? 눈 터는 소리가 여우가 눈 터는 소리와는 전혀 딴판인데. 나가 봐야겠군.'

"어머! 이게 누구예요?"

"나야, 쿠키!"

"들어오세요. 불을 끌까요?"

쿠키가 웃으면서 말했다.

"아니야! 끄지 마! 우리는 밝은 걸 좋아하잖아. 어제 여우가 왔다 갔군."

"예. 개 여동생이 여우가 남편 없이 혼자 온 것을 눈치챘어요. 개 여동생의 말을 듣고 저는 여우가 무언가 계략을 꾸미고 있다는 사실을 짐작했죠."

"우리 집에는 먹을 게 하나도 없어. 여우가 몽땅 가져갔어."

"우리는 창고 두 곳에서만 먹을 걸 훔쳐 갔어요. 이제 어떻게 해야 하죠? 일단 자야겠죠?"

"그래야지. 뭘 어쩌겠어. 일단 자야지."

다음 날 동이 트기 전부터 쿠키는 벌써 집에 갈 채비를 했다.

"벌써 동이 트네. 집에 가야겠어."

"뭘 좀 대접을 해야 할 텐데…."

콘티트발은 쿠키에게 말린 순록 고기, 양고기를 내놓았다.

"가져가고 싶은 만큼 가져가세요."

"아니야! 이 정도면 충분해. 아이들이 이미 사냥을 다녀왔을 거야."

"먹을 게 없으면 다시 오세요."

"그렇게 할게. 정 먹을 게 없으면 다시 와서 부탁할게."

쿠키가 집으로 가니 아들이 마중을 나왔다.

"아버지가 오시네. 음식을 많이 가지고 오는 것 같은데…. 너무 무거운가…. 아주 천천히 걸어오시는데…."

쿠키는 품에서 식량을 꺼냈다.

"이걸 빨리 엄마에게 갖다주거라. 네가 보다시피 너무 무거우니 나는 천천히 걸어가마."

아들이 집에 달려가 엄마에게 말했다.

"엄마, 아버지가 음식을 아주 많이 가져오고 있어요. 너무 무겁대요. 이걸 엄마한테 먼저 주라고 했어요. 아버지가 순록 고기와 양고기도 가지고 오겠죠?"

아들이 엄마에게 쿠키의 상황을 전하는 사이 쿠키는 이미 집에 도착했다.

"이봐, 미티! 이걸 받아 줘!"

"어머! 벌써 왔어요?"

"그럼! 빨리 와야지. 다들 배가 고플 텐데…. 여우가 콘티트발에게도 왔대. 거짓말하는 걸 미리 알아차려서 콘티트발이 아주 멋지게 복수를 했대. 빨리 식사를 합시다."

쿠키는 가지고 온 고기들을 아이들에게 주었다.

사냥을 싫어하는 여우와 까마귀

사냥을 싫어하는 여우가 있었다. 여우는 늘 굶주렸고 삶은 나날이 힘들어졌다. 어느 날 딸들에게 말했다.

"사촌 오빠 까마귀를 찾아가서 허풍을 쳐야겠어. 부자에게 시집을 가게 되어 앞으로는 아주 풍족하게 살게 되었다고 말이야. 그러면 자기에게 떡고물이라도 떨어질 줄 알고 내게 먹을 걸 줄 거야."

"엄마! 거짓말은 하지 마! 정말 나쁜 짓이야! 차라리 배가 고프니 먹을 걸 좀 달라고 부탁해. 그게 백배, 천배 더 나아."

여우는 딸의 말은 귓등으로도 듣지 않았다. 여우는 물고기를 잡을 때 쓰는 낡고 축축한 그물을 자루에 넣고는 까마귀에게 갔다. 잠시 후 누군가의 인기척을 들은 까마귀가 아들에게 말했다.

"얘야! 누가 오는지 나가 보거라."

밖에 나갔더니 여우가 썰매를 타고 오고 있었다. 이미 어둠이 내려앉았다. 여우가 말했다.

"남편과 같이 왔어요."

여우는 거짓말을 하고 있었는데 까마귀는 여우의 말을 철석같이 믿고 무척 놀라워했다.

"뭐라고?"

까마귀는 지금껏 사촌 여동생 여우가 남편이 죽은 뒤 혼자 사는 줄 알았다. 그런데 느닷없이 남편과 같이 왔다고 하니 까마귀는 반가운 마음 반, 호기심 반으로 여우에게 남편이 어디에 있냐고 물었다. 여우가 대답했다.

"남편은 불빛을 아주 싫어해요. 남편의 조상들이 어둠 속에서 살았기 때문에 남편도 어두운 걸 좋아해요. 남편은 밝은 곳에서는 장님이나 다름없어서 아무것도 보지 못해요."

"그런 사정이 있구나. 그럼 불을 끌 테니 집 안으로 들어오라고 해라."

여우는 남편이 옆에서 같이 걸어가는 시늉을 하면서 까마귀의 집 안으로 들어갔다. 까마귀가 물었다.

"뭐 좀 먹을래?"

"우리 집에도 먹을 게 널렸어요. 별로 먹고 싶지 않아요. 저희는 신경 쓰지 말고 가지고 와서 오빠네 식구들이나 많이 드세요."

까마귀 아내가 음식을 가지러 창고로 갔고 여우는 몰래 그 뒤를 따라가서 자루에 음식을 넣기 시작했다. 자루 한가득 음식을 넣은 뒤 썰매로 가지고 나와 눈에 안 띄는 모퉁이에 옮겨 놓았다. 까마귀는 계속 놀랄 뿐이었다.

"세상에! 네가 결국 시집을 갔구나. 정말 놀랍구나! 놀라워!"

여우는 계속 자랑을 늘어놓았다.

"그래요! 남편은 오래전부터 순록을 무척 많이 길렀어요. 남편에게는 순록이 2000마리가 넘어요."

그리고 남편이 알을 무척 좋아하는데 알이 있냐고 물었다. 알을 주면 대신 순록 가죽을 주겠다고 약속했다.

"내가 가지고 온 자루에 가죽이 있으니 한번 만져 보세요."

까마귀는 여우가 내민 자루를 더듬어 보았다. 정말로 무언가 부드러운 감촉이 느껴지는 것이 아닌 게 아니라 순록 가죽 같았다. 까마귀 아내는 자루를 선반에 올려놓으면서 여우에게 말했다.

"우리 아들하고 네 딸하고 결혼시키는 게 어때?"

여우가 한참을 생각한 끝에 말했다.

"오빠 아들이 원한다면 저는 기꺼이 결혼시킬 의향이 있어요."

그렇게 이야기를 나누면서 차를 마신 뒤 여우가 남편에게 말을 하는 시늉을 했다.

"집에 갑시다. 순록이 놀라서 어디로 달아나면 어떡해요? 혹시 그렇게 되면 순록들을 찾으러 다녀야 되고 그러면 너무 힘들지 않겠어요?"

이 모든 것은 여우가 꾸며 낸 이야기였다. 여우에게 남편 따위는 없었다. 그러니 까마귀 집에도 혼자 온 것이었다. 잠시 뒤 작별 인사를 하고 집으로 갔다. 썰매에 있는 음식 자루를 등에 짊어지고 집으로 들어간 여우는 딸들에게 웃으면서 말했다.

"이리 와서 보거라. 내가 까마귀에게 거짓말을 했는데 그들은 진짜로 내가 결혼을 했다고 믿더구나. 순록 가죽 대신 낡은 그물을 넣어 두었는데도 눈치를 못 채더구나."

큰딸이 엄마에게 대뜸 심하게 화를 냈다.

"엄마는 어쩌려고 거짓말을 하고 그래? 그냥 먹을 걸 조금 달라고 하는 편이 낫지!"

"가르치려고 들지 마. 안 그러면 먹을 게 없어서 우리는 굶어 죽을 거야!"

딸은 침묵을 지켰고 엄마는 알을 깨물어 먹으면서 고기를 삶기 시작했다. 그 시간 까마귀는 순록 가죽을 너무 쉽게 얻게 되었다며 기쁨을 감추지 못한 채 연신 싱글벙글 웃었다. 그 순간 선반에 있던 자루가 갑자기 바닥으로 데구루루 굴러떨어지는 바람에 소스라치게 놀란 까마귀 아내가 비명을 질렀다.

"으악! 이게 뭐지?"

"여우가 비싼 가죽에 기름을 칠해 놓았나 보지 뭐."

이때 아들이 왔고 까마귀 부부는 가죽 이야기를 했다. 아들이 말했다.

“예, 무슨 말인지 알겠어요. 그나저나 제게 순록 가죽을 보여 주세요.”

까마귀 아내가 자루를 가지고 왔다. 자루를 풀어서 안에 있는 것을 꺼냈더니 가죽이 아니라 낡고 축축한 그물이 아닌가! 모두 아연실색했다.

“이것 좀 봐, 아무것도 없어! 축축하고 낡아 빠진 그물뿐이야.”

까마귀가 심하게 화를 냈다.

“그물을 자루에 넣고 그대로 창고 문에 걸어 둬. 오늘 밤 여우가 분명 다시 와서 먹을 걸 가지러 창고로 갈 거야. 그리고 자루에 먹을 걸 넣을 때 그물에 손이 걸리면서 덫에 걸린 것처럼 꼼짝달싹 못 하게 될 거야.”

정말 몇 시간 뒤 여우가 다시 왔다. 까마귀 딸이 엄마에게 말했다.

“엄마, 거짓말쟁이가 또 왔어요.”

여우는 다시 또 거짓말을 늘어놓았다.

“남편과 같이 왔어. 순록 가죽을 가지고 왔는데 이건 아주 여러 번 손질을 한 최상급이에요.”

까마귀 아내는 짐짓 아픈 척하면서 말했다.

"아이고! 오늘 갑자기 머리가 지끈지끈 아파서 움직이질 못하겠네. 아예 걸어 다닐 수가 없는데…. 그런데 또 왔으니 어쩌면 좋아? 정말 미안해."

"그렇군요. 걱정하지 마세요. 금방 갈 거예요. 그럼 몸조리 잘하세요."

여우가 직접 창고로 가서 음식을 잔뜩 챙긴 뒤 자루를 묶으려고 하는데 손이 그물에 걸려 꼼짝도 할 수가 없었다. 하는 수 없이 소리를 질렀다.

"아악! 내게 무슨 짓을 하는 거야?"

그 순간 까마귀가 나타났다.

"우리는 아무 짓도 안 했어. 온갖 못된 짓을 하고 돌아다니는 건 너잖아. 왜 우리를 속였지? 왜 가죽 대신 낡은 그물을 넣어 둔 거지? 왜 남의 창고에 기어들어서 도둑질을 하는 거지?"

여우가 울면서 풀어 달라고 애원했지만 풀어 주지 않았고 거짓말쟁이, 도둑이라며 한참을 비웃었다. 결국 여우 혼자 힘으로 어찌어찌해 낡은 그물을 찢고 밖으로 나왔지만 손은 여전히 자루에 묶여 있었다. 그렇게 손에 자루를 달고 집으로 달려가 큰딸에게 말했다.

"빨리 자루를 풀어 다오!"

"싫어요. 엄마는 왜 만날 거짓말만 하고 다니는 거예요?"

작은딸이 자루를 풀어 주었다. 이렇게 까마귀는 여우가 거짓말을 하고 도둑질을 한 데 대한 앙갚음을 했다.

늑대에게 혼쭐이 난 쿠키

쿠키가 아내 미티에게 말했다.

"미티, 짚으로 만든 썰매를 줘 봐!"

"짚으로 만든 썰매가 어디 있다고 그래요? 그런 건 없어요. 하지만 풀을 엮어 만든 줄은 있어요."

쿠키는 미티의 말을 믿지 못해 직접 찾기 시작했다.

"뭘 찾아요?"

"썰매."

"어디 가려고요?"

"그냥. 산에 가서 썰매나 타려고."

쿠키는 산으로 가 썰매를 탔다. 기대했던 것보다 훨씬 기분이 상쾌하고 즐거웠다. 너무 들뜬 쿠키는 쉬지 않고 환호성을 질렀다.

"아하! 너무 좋다! 하늘이 너무 맑아!"

다시 산꼭대기로 올라가 썰매를 타고 내려오면서 소리를 질렀다.

"야호! 하늘이 맑으니까 날아갈 것 같아!"

늑대는 산에서 쿠키가 질러 대는 환호성을 들었다. 늑대는 쿠키가 대체 어디서 무엇 때문에 이렇게 소리를 지르는지 궁금해서 견딜 수가 없었다. 늑대는 직접 쿠키를 찾아 나섰다.

“이봐요! 쿠키 할아버지! 뭐하는 거예요?”

“에쿠! 너를 놀라게 했구나. 그렇다면 미안하다. 어디에서 오는 길이니?”

“그냥 집에 있다가 할아버지 썰매 타는 소리가 하도 재미있게 들려서 한번 와 본 거예요. 그렇게 재미있어요? 나도 한번 타게 해 줘요.”

“안 돼! 잘못하다가 물에 빠질 수도 있어.”

“아니에요. 절대 그럴 일은 없을 거예요. 저는 다리가 아주 길거든요.”

“그래? 그렇다면 한번 타 봐.”

“썰매를 타면서 뭐라고 소리를 지르면 좋을까요?”

“‘우와! 하늘이 맑으니 기분이 너무 좋아!’라고 소리치면 돼.”

“알았어요. 그렇게 할게요.”

산에서 썰매를 타고 내려오던 늑대는 그길로 바다로 굴러떨어졌다.

“어떻게 하면 좋아! 세상에! 쿠키 할아버지! 물에 빠졌어요! 빨리 꺼내 줘요!”

“싫어. 안 꺼내 줄 거야. 너는 다리가 길다고 했잖아. 나는 발톱이 휘어서 물에 들어갈 수 없어."

"제발, 꺼내 줘요!"

"싫어!"

"제발, 꺼내 줘요! 발이 얼고 있어요!"

"싫어. 너는 다리가 길잖아."

"제발, 좀! 꺼내 주면 빈대를 잡아 줄게요."

"빈대 따위는 필요 없어."

"에이, 그러지 말고 제발 좀 꺼내 줘요! 다리가 완전 얼어 버렸어요!"

"이미 말했잖아! 안 꺼내 준다고!"

"양을 떼로 잡아 줄게요!"

"아이들이 산에서 양 사냥을 하는데 내게 양이 무슨 필요가 있어!"

"그러면 오소리를 줄게요!"

"오소리도 필요 없어. 이미 말했잖아. 아이들이 산에서 동물 사냥을 한다고!"

"그럼 뭘 주면 좋을까요? 아하! 귀가 긴 제 여동생을 아내로 데리고 가세요."

"뭐? 그거 좋지! 이봐, 처남! 잠깐만 기다려. 잠깐이면 돼. 지금 당장 꺼내 줄게."

쿠키가 낑낑대며 늑대를 꺼내 주자 늑대가 옷의 물을 짜면서 투덜거렸다.

"푸르르르! 다리가 완전히 얼어 버릴 뻔했네…."

쿠키가 얼른 달려가 도와주면서 아양을 떨었다.

"정말이지? 여동생을 내게 줄 거지?"

"뭐라고요! 거짓말이었어요! 앞으로 다시는 썰매를 타지 않을 거예요."

기분이 상한 쿠키는 금방 샐쭉해졌다.

"너는 어느 쪽으로 갈 거야?"

"바트빗카프닌 계곡으로 갈 거예요. 할아버지는요?"

"나는 안트친강 상류로 갈 거야."

쿠키와 늑대는 서로 다른 방향으로 갈라섰다. 서로 다른 강으로 향했지만 강 계곡을 따라가다 보면 상류에서 합쳐지게 되어 있다. 늑대는 바트빗카프닌 계곡의 수원에 도착했다. 안트친강의 상류로 간 쿠키는 순록 엉덩이 고기로 변신했다. 고기를 본 늑대가 눈을 반짝거리면서 달려들었다.

"에구머니! 이렇게 고마울 수가! 먹을 게 떨어져 있다니! 그러지 않아도 뱃가죽이 등가죽에 달라붙을 판인데 잘됐다."

늑대는 쿠키인 줄도 모르고 그 자리에서 고기를 다 먹어치웠다. 그런데 배 속에 들어간 쿠키가 자꾸 움직이는 바람에 늑대는 여간 불편한 게 아니었다. 쿠키는 늑대를 골려 주기 위해 늑대의 내장을 잘라 밖으로 던졌다.

“세상에! 우리 아버지가 여기가 음식 창고인 줄 알고 내장을 걸어 놓았네.”

“쿠키 할아버지! 지금 내 배 속에서 말을 하고 있는 것 같은데? 맞아요? 지금 제 배 속에 있는 거예요?”

“무슨 말이야, 내가 왜 네 배 속에 있어? 나는 지금 우리 집 음식 창고에 있는데.”

“어이쿠! 제 내장을 밖으로 던졌잖아요!”

“아니야! 무슨 말이야! 생사람 잡지 마! 나는 지금 집에 있어. 카악! 퉷! 잇침이 냄새가 지독한 덧신을 여기에 걸어 놓았군. 에이 더러워! 버려야겠어!”

쿠키는 늑대의 콩팥을 밖으로 던졌다.

“어어! 내 콩팥!”

“왜 소리를 지르고 그래? 나는 우리 집 음식 창고에 있어. 카악! 퉷! 잇침이 이것도 가져다 놨군.”

쿠키는 늑대의 폐를 밖으로 던졌다.

“이건 내 폐잖아요!”

“쓸데없는 말 하지 마! 나는 지금 우리 집 음식 창고에 있어. 카악! 퉷! 이것은 창 손잡이인데? 이게 왜 여기에 있지?”

늑대의 심장을 밖으로 던졌다.

“아악! 이건 내 생명 줄이야! 으악!”

늑대는 죽었다.

"우와! 우와! 늑대를 죽였네!"

쿠키는 좋아서 펄쩍펄쩍 뛰면서 늑대의 몸 밖으로 나왔다. 집으로 오고 있는 쿠키를 본 아들이 엄마에게 말했다.

"엄마, 아버지가 썰매를 다 탔나 봐요. 집으로 오고 있어요."

"그렇구나."

쿠키가 아들 아우팔리를 불렀다.

"아우팔리야! 빨리 가서 엄마에게 감사 의식을 해야 한다고 해라."

"알았어요."

아우팔리는 집으로 갔다.

"엄마, 아버지가 뭘 끌고 오면서 감사 의식을 해야 한대요."

"그렇구나. 아버지가 뭘 끌고 오는지 가서 보고 오너라."

쿠키의 아내는 감사 의식을 하면서 주술을 외웠다.

"쿠우키이가 느으윽대를 무기도 없이 주우욱였어요! 키이아 키이아 키이아!"

쿠키가 집 안으로 들어왔다.

"이제 됐소. 이미 도착했소."

"딸에게 사냥물을 손질하라고 할게요."

"아니요. 손질할 필요도 없소. 그냥 통째로 먹읍시다."

장모가 쿠키를 맞이하러 나왔다가 불쑥 한마디 던졌다.

"이렇게 하게. 지금 먹지 말고 나중에 먹도록 하세. 늑대를 음식 창고에 끌어다 놓고 혹시 모르니 보초를 세워 두게."

장모가 시키는 대로 했다. 고단한 하루였다. 까마귀들은 아주 곤하게 잠이 들었다. 그 시각 늑대 형제들은 없어진 형을 찾아다니느라 정신을 쏙 빼고 있었다. 다음 날 이른 아침부터 쿠키는 문 옆에 앉아 그물을 손질하느라 여념이 없었다. 그때 막내아들 아우팔리가 쿠키 곁으로 나왔다.

"아우팔리야, 이제부터는 좀 더 자주 집 주위를 둘러보도록 해라."

"아버지, 늑대 두 마리가 여기로 오고 있어요!"

"오호! 잠깐 기다려라! 지금 비계로 공을 만들겠다. 이걸 먹으면 비계가 공처럼 요동을 치는 바람에 그 자리에서 죽을 게다. 너는 아무 생각 없이 노는 척하면서 저 녀석들이 오는 길에 이 공을 떨어뜨려라."

늑대 형제들이 오다가 공을 발견했다.

"우와! 아우팔리가 놀다가 공을 떨어뜨렸나 본데?"

늑대 형제는 얼른 공을 주워 먹은 뒤 쿠키의 집으로 갔다. 쿠키는 그물을 손질하느라 정신이 없는 척했다.

"어허! 왔어?"

"예, 할아버지. 그런데 이게 무슨 일이죠? 공이 배 속에서 우리를 마구 흔들어요. 어어! 어어! 갑자기 눈앞이 깜깜해지는데요."

"뭘 잘못 먹은 거 아니야?"

그 자리에서 늑대 형제는 말 한마디도 못 하고 죽음을 맞이했다.

"오호! 늑대 두 마리도 죽였어."

쿠키는 좋아서 펄쩍펄쩍 뛰면서 늑대들을 음식 창고에 가져다 놓은 뒤 딸에게 말했다.

"얘야, 늑대 고기를 또 가지고 왔다. 망을 잘 보도록 해라."

그 시간 막내 늑대 베춥틴이 늙은 부모님에게 물었다.

"그 많던 형들은 다 어디로 가고 이제는 저 혼자만 남았네요."

부모님이 잠이 들자 베춥틴은 형들을 찾아 나섰다. 쿠키는 여전히 문 옆에 앉아 그물을 손질하고 있었다. 아우팔리는 연신 집 밖으로 나와 주위를 둘러보았다.

"더 자주 살펴보도록 해라."

아우팔리가 보니 어린 늑대가 오고 있었다.

"아버지, 보세요. 어린 늑대가 우리 집으로 오고 있어요."

"아마 베춥틴일 거다. 저 아이는 모르는 게 없단다. 비계로 만든 공을 가지고 가서 저 아이가 오는 길에 던져 놓아라."

아우팔리는 공을 가지고 가서 베촙틴이 오는 길에 던져 놓고 다시 집 안으로 들어갔다. 형들의 발자국을 따라오던 베촙틴이 공을 발견했다.

"어어? 이게 뭐지?"

쿠키가 베촙틴에게 알은체를 했다.

"애야, 왔니?"

"예! 여기에 제 형들이 오지 않았나요?"

"아니, 안 왔는데. 여기에는 우리 가족만 있어."

그때 베촙틴이 손에 쥐고 있던 공을 보여 주면서 물었다.

"할아버지, 이게 뭐예요?"

"어이쿠! 애야!"

쿠키는 지레 겁을 먹고 커튼 뒤로 숨으면서 미티에게 말했다.

"미티. 베촙틴이 공을 보여 주면서 이게 뭐냐고 물었어. 베촙틴은 형들하고 달리 공을 먹지 않았어. 내가 자기 형들을 죽인 걸 알면 가만히 안 있을 텐데…. 어떻게 하지?"

"쿠키, 왜 비겁하게 숨는 거죠? 먼저 장난을 친 건 당신이잖아요. 저 아이를 직접 맞닥뜨려야죠."

미티가 쿠키를 심하게 질책했다. 베촙틴이 집 안으로 들어오자 미티가 반갑게 인사를 했다.

"어머! 왔구나!"

"예, 왔어요. 할머니! 이게 뭐예요?"

"글쎄…. 모르겠는데. 처음 보는 건데. 쿠키, 이리 나와요! 뭘 그렇게 두려워해요. 당신은 남자잖아요. 여자인 나도 안 숨는데."

"두렵긴! 절대 그런 거 아니야. 그냥 여기에서 한숨 자고 싶어서 그래."

"그럼 그렇게 하세요!"

미티가 버럭 화를 냈다. 주위에 어둠이 내려앉자 베춥틴이 말했다.

"집에 가야겠어요."

"그래, 가 보거라."

"배웅은 하지 마세요."

베춥틴은 쿠키의 딸 치닐림닐나쿠트가 죽은 늑대들의 망을 보고 있는 창고로 갔다.

"야! 여기에 내 형들이 있지?"

"응. 있어."

베춥틴이 형들을 깨우면서 말했다.

"형들! 빨리 일어나. 그런데 도대체 큰형에게 무슨 일이 있었던 거야? 내장이 하나도 없잖아. 큰형은 여기에 둬야겠군. 치닐림닐나쿠트! 우리 큰형 대신 네가 우리랑 같이 가 줘야겠다."

쿠키의 딸은 반강제로 늑대의 집으로 가게 되었다. 쿠키의 딸을 집에 데리고 온 베춥틴이 부모님에게 말했다.

“엄마! 이리 나와 보세요!”

“어머, 왔구나! 빨리 왔네? 형들을 어디에서 찾았니?”

“쿠키 할아버지가 형들을 다 죽였더군요. 두 형은 살려서 데리고 왔고 큰형은 남겨 두고 왔어요. 대신 그 딸을 데리고 왔어요.”

난생처음 늑대들과 같이 있게 된 치닐림닐나쿠트는 두렵고 공포스러웠다.

“어머! 아가씨가 왔구나!”

“예!”

“이리 들어와!”

“예!”

치닐림닐나쿠트는 늑대의 집으로 들어갔고 잠시 후 늑대들은 잠이 들었다. 밤이 깊어지자 미티는 딸이 걱정되어 창고로 갔다. 그런데 이런 일이! 딸이 없어진 것이 아닌가! 내장이 없는 늑대만 빼놓고 늑대들도 모두 사라지고 없었다.

“어머! 쿠키는 정말 이해할 수가 없어! 늘 쓸데없는 짓만 해! 급기야는 딸마저 도둑을 맞고 마는군!”

미티는 정신없이 집으로 뛰어갔다.

“쿠키! 쿠키!”

"왜?"

"딸이 없어졌어요. 늑대들도 없어요!"

"어이쿠! 이게 무슨 일이야! 분명 베춥틴의 짓이야."

"창고에는 내장이 없는 늑대만 누워 있어요!"

"가서 내장을 넣어 다시 살려서 집으로 돌려보내야겠군!"

사실 쿠키는 영험한 샤먼이었다. 쿠키는 고기 조각으로 내장을 만들어 늑대의 몸 안에 넣었다.

"아함! 도대체 누가 이런 짓을 한 거야?"

"내가 그랬다. 빨리 집으로 가거라. 보다시피 내가 너를 다시 살려 냈어. 내 딸이 없어졌는데 분명 너희 집에 있을 거야. 그곳에 잡아 두지 말고 당장 이리로 데리고 와. 엄마가 걱정을 많이 하고 있어. 너무 불쌍해. 안 그러면 가만두지 않겠어!"

"알았어요. 데리고 올게요."

늑대는 집으로 갔다.

"엄마! 제가 왔어요."

"뭐? 누가 왔다고? 우리 큰아들이 맞아?"

"예, 큰형이 맞아요. 어제 우리가 쿠키 할아버지의 창고에 남겨 두고 왔거든요. 내장이 없어서 어쩔 수가 없었어요."

"그런데 어떻게 다시 살아났니?"

"쿠키 할아버지가 내장을 만들어서 넣어 줬어요. 나를 깨워 집에 가라고 하면서 내일 날이 밝자마자 딸을 데리고 오래요. 안 그러면 우리를 가만두지 않겠다고 했어요."

"그래! 집에 데려다주거라. 내일이 아니라 지금 당장 데려다주거라."

까마귀의 집으로 향한 늑대들은 밤이 이슥해진 뒤에야 도착했다.

"엄마, 아빠! 제가 왔어요!"

"어이쿠! 딸이 왔구나!"

"어머, 세상에! 돌아왔구나!"

"예! 돌아왔어요. 늑대들이 데려다줬어요."

"늑대들은 어디에 있니?"

"밖에 있어요."

"들어오라고 해라."

"늑대들! 어디에 있어? 들어와!"

"싫어요! 안 들어갈 거예요! 쿠키 할아버지가 우리에게 복수를 할지도 몰라요. 빨리 집으로 돌아갈 거예요."

"무슨 소리야! 뭐라도 대접을 하고 싶어!"

"아니에요! 우리도 할아버지 할머니에게 딸을 데려다주게 돼서 한결 마음이 가벼워요. 그 아이가 너무 가여웠거든요."

미티는 딸을 집 안으로 데리고 들어갔고 쿠키는 여전히 공포로 몸을 떨면서 침대 밑에 숨어 있었다. 미티가 말했다.

"이리 나오세요! 어머니가 오셨어요!"

"으응? 어머니가 어디에서 와?"

"장난이에요. 늑대들이 딸아이를 데리고 왔어요. 늑대들은 집으로 갔어요. 이리 나오세요."

늑대들은 집으로 돌아갔다.

"어머니, 아버지! 이리 나와 보세요. 저희가 왔어요. 할아버지에게 딸을 돌려드렸어요."

"할아버지가 뭐라고 하시던?"

"할아버지는 못 봤어요. 우리가 무서워서 집에 꼭꼭 숨어 있었어요."

"그렇구나! 장난이 너무 심해. 오늘은 마음 편히 푹 자자."

치닐림닐나쿠트가 쿠키에게 물었다.

"어떻게 했기에 늑대들이 나를 데려다주었어요?"

"내장이 없는 늑대를 살려 집으로 보내 주면서 너를 돌려 보내라고 부탁했지. 네 엄마가 너무 불쌍하다고. 네가 돌아와서 너무 기쁘구나!"

동물 이야기

바다표범 할머니 할아버지를 이긴 토끼

토끼가 할머니와 누나들에게 말했다.

"할머니, 짐 묶을 끈을 주세요! 나무껍질을 벗기러 갈 거예요!"

할머니는 하나밖에 없는 손자를 혼자 보내는 것이 어쩐지 내키지 않았다.

"가지 말거라! 무리해서 간에 병이라도 들면 어떻게 하니!"

"쓸데없는 걱정 마세요! 멀쩡한 간이 갑자기 아플 리가 있겠어요! 빨리 끈이나 주세요! 시간 없으니 꾸물거리지 말고 빨리 주세요!"

"싫다! 안 줄 거다! 괜히 무리하다가 장에 탈이 날 수도 있어!"

"그럴 리가 없다니까요. 빨리 끈을 주세요! 나무껍질을 벗기러 갈 거예요!"

"안 된다! 가지 마라! 괜히 무리하다가 간에 병이 날 수도 있다니까!"

"절대 그럴 일 없다니까요! 절대요!"

"너무 무리하면 장이나 콩팥에 탈이 날 수도 있어!"

"절대 그럴 리 없다니까요! 할머니는 만날 쓸데없는 말만 해요. 누나들, 끈 좀 찾아 줘!"

토끼는 막무가내로 고집을 부렸다. 누나가 끈을 찾아 주자 토끼는 길을 나섰다. 해변으로 내려가기 직전, 약간 언덕진 곳에서 토끼는 악령의 집을 발견했는데 그 집 옆에는 아름드리나무가 멋들어지게 서 있었다. 토끼는 이 나무의 껍질을 벗기면서 혼자 중얼거렸다.

"어머! 이건 할머니에게 주어야겠어. 약간 쓰기는 하겠지만 이에 좋을 거야."

"이건 랄라차카 누나에게 주어야지. 달콤하고 단단해서 좋아할 거야."

토끼는 나무껍질을 벗겨 끈으로 묶기 편하게 한곳에 차곡차곡 쌓아 놓았다. 갑자기 다른 부위를 벗기던 토끼가 감탄을 연발했다.

"와! 굉장해! 이건 큰누나에게 줘야겠어. 잘 말라서 파삭파삭한 데다 약간 씁쓰름한 게 큰누나가 좋아하는 맛이야!"

그 순간 어린 바다표범 우파필이 고개를 내밀고 토끼에게 욕을 해 댔다.

"너 대체 뭐 하는 거야? 악령의 집을 청소하고 있는 거야? 너무 시끄럽잖아!"

"쳇! 야! 저리 가! 무슨 상관이야!"

토끼가 참지 못하고 성질을 내면서 소리를 지르자 마침 심심했던 우파필은 토끼와 한판 붙고 싶어서 해변으로 나와 소리를 질렀다.

"알나리깔나리! 토끼가 악령의 집을 청소하고 있데요! 하! 하! 하! 토끼는 악령의 집이나 청소해 주는 멍청이래요!"

바다표범에게 꿀리는 게 싫었던 토끼가 참지 못하고 같이 맞대꾸질을 했다.

"늘 백옥처럼 깨끗하던 얼음이 네가 앉았다 가면 항상 거무튀튀한 게 아주 더러워져! 저리 가!"

"싫어! 내 몸은 통통하고 기름기가 흘러서 보기가 좋아. 그런데 네 몸은 비쩍 말라서 뼈만 남은 데다 기름기가 없어서 하얀 돌처럼 아주 푸석푸석해! 아이고 불쌍해라!"

"그래! 너는 통통하고 기름기가 아주 좌르르 흐른다! 좋겠다!"

"너는 말라도 너무 말랐어! 불쌍할 정도로 말랐어! 지금껏 피죽도 한 그릇 못 먹은 것 같아."

"기다려 봐! 나도 조금 있으면 너처럼 통통해질 거야. 그러면 너 같은 것과는 비교도 안 될 거야."

"네가 어떻게 나와 비교를 해! 말도 안 돼!"

"두고 봐! 에이, 카악! 퉷! 저리 꺼져!"

"기분 나쁘게 왜 침을 뱉고 그러니? 할아버지를 불러 너를 죽이라고 할 거야."

"좋으실 대로! 마음대로 해! 마음대로 하라고!"

"알았어! 잠깐만 기다려! 할아버지한테 가서 일러 줄 거야!"

"하나도 안 무서워! 뭐가 무서워! 웃기네!"

토끼는 이렇게 말하면서도 바다표범이 불쑥 튀어나올 경우에 대비해 나무껍질을 벗기던 망치를 손에 들고 있었다. 우파필이 바닷속으로 들어가 할아버지에게 일렀다.

"할아버지, 토끼가 기분 나쁘게 해요. 저한테 막 욕을 하고 침을 뱉어요."

할아버지가 물 위로 올라왔다. 바다는 이미 얼음으로 덮이기 시작했다. 할아버지는 얼음 가장자리까지 나와서 토끼에게 으름장을 놓았다.

"왜 내 손녀에게 욕을 하고 침을 뱉었니? 가만둘 수가 없구나."

"어쩔 수가 없었어요! 걔가 먼저 싸움을 걸었어요. 저로서는 어쩔 수가 없었다고요! 할아버지가 저를 혼내고 싶으시면 이곳으로 오세요. 제가 야단을 맞겠다고 굳이 할아버지한테 갈 수는 없잖아요. 이곳으로 오셔서 저와 시시비비를 가려 보죠."

할아버지가 물을 헤치고 해변으로 나왔다. 그러자 토끼

가 망치로 할아버지의 머리를 내리쳤다.

"아악! 할아버지를 죽였다!"

손녀 우파필은 눈물을 흘리면서 펄쩍펄쩍 뛰기 시작했다.

"내가 죽인 게 아니야. 너도 봤겠지만 할아버지가 지느러미를 흔들면서 해변으로 나오다가 갑자기 죽었어!"

"아니야, 내 눈으로 똑똑히 봤어. 네가 할아버지를 망치로 때렸잖아. 할머니에게 가서 일러 줄 거야."

우파필은 바다 밑 할머니에게 가서 울면서 말했다.

"앙앙! 엉엉! 할머니! 일어나세요. 큰일 났어요! 할아버지가 돌아가셨어요. 토끼가 죽였어요."

"아이고! 어쩐지! 내 등이 얼음장처럼 차가워지더라. 네 할아버지가 내 꿈에 왔다가 저세상으로 떠났구나."

할머니는 잠에서 깨어나 토끼에 대한 울분으로 이를 바득바득 갈았다. 다시 우파필이 바다를 헤치고 해변으로 나가 토끼에게 소리쳤다.

"조금만 기다려! 우리 할머니가 곧 올 거야! 너를 똑같이 죽여 줄 거야!"

"안 무서워! 하나도 안 무서워! 당장 오라고 해! 눈도 깜박 안 해!"

"괜히 용감한 척하지 마! 괜히 센 척하는 거 다 알아!"

토끼는 망치를 준비하고 할머니 바다표범을 기다렸다. 할머니가 얼음 끝자락까지 왔다.

"이리 오세요! 저는 헤엄을 못 치잖아요. 그러니 할머니가 이곳으로 오셔야죠."

할머니 바다표범은 바다에서 자주 물 밖으로 모습을 드러냈지만 해변으로 접근해 오지는 않았다. 하지만 토끼는 한 치도 양보하지 않았다.

"할머니와 제가 물에서 만날 수는 없어요. 저는 물에 들어갈 수가 없거든요. 게다가 솔직히 말해서 제가 바다로 가면 할머니가 저를 죽일 거잖아요!"

토끼의 계속되는 채근으로 할머니가 해변으로 나간 순간 토끼가 할머니의 머리를 망치로 내리쳤다.

"으악! 이제는 할머니까지 죽였어!"

우파필은 서글피 울기 시작했다. 토끼는 우파필을 쫓아버린 뒤 죽은 바다표범들을 자르기 시작했다. 내장을 꺼내고 깨끗이 손질을 한 뒤 등이 휘어지게 짊어지고 집으로 향했다.

'자, 이제 집으로 가자! 우와! 사냥물이 엄청 많네! 내가 생각해도 대단한데!'

집에서는 할머니와 두 누나가 목이 빠지게 기다리고 있었다.

"할머니. 동생이 오고 있어요."

"아이고, 드디어 오는구나! 일단 집에 들어가서 기다리자."

"그런데 재가 너무 느릿느릿 걸어오는데? 무슨 일이 있나? 어디 아픈 거 아니야?"

누나들은 토끼가 무언가를 잔뜩 짊어지고 오는 것은 미처 보지 못한 채 걸음걸이가 너무 느리다는 생각에 한숨을 내쉬면서 걱정을 하기 시작했다. 토끼가 집으로 들어갔다.

"누나들! 이리 나와서 나를 좀 도와줘! 짐 좀 받아 줘!"

밖으로 나온 누나들은 엄청 놀랐다.

"그런데 나무껍질은 어디에 있니?"

토끼가 가지고 온 것을 들려고 했지만 너무 무거워 들 수가 없었다. 큰누나가 말했다.

"이건 나무껍질이 아닌 것 같은데. 나무껍질은 가벼운데 이건 엄청 무겁네."

"일단 빨리 짐을 내려 줘라! 무겁겠다."

손자가 가지고 온 것이 궁금한 할머니가 소리쳤다.

"도저히 들 수가 없어요."

"비켜 봐. 내가 직접 안으로 가지고 갈게."

토끼가 직접 사냥물을 짊어지고 집 안으로 들어갔다. 할머니가 손자를 엄청 반갑게 맞이했다.

"아이고, 드디어 우리 손자가 왔구나! 장하다 장해!"

"예, 드디어 왔습니다."

"그런데 나무껍질은 어디에 있니?"

"이 짐을 풀어 보세요. 깜짝 놀라실 거예요. 여기에는 나무껍질보다 더 굉장한 게 들어 있어요."

짐을 만져 보던 할머니는 화들짝 놀라 뒤로 한 걸음 물러서면서 물었다.

"이게 뭐니? 말랑말랑하고 미끌미끌한데."

"빨리 풀어 보세요."

토끼는 더 이상 참지 못하고 직접 짐을 풀었다.

"바다표범 고기와 비계예요."

"그런데 이것들이 어디에 떨어져 있었니?"

"어디에 떨어져 있긴요. 제가 바다표범 두 마리를 죽였어요. 일단 먹고 남아 있는 고기를 마저 가지러 가요."

할머니는 앞에 산더미처럼 쌓인 먹을거리에 하늘을 나는 듯 무척 기뻐했다.

"에구머니! 지금 당장 음식을 준비하마."

토끼의 이웃에는 여우 가족이 살고 있었다. 그 시각 여우가 딸에게 말했다.

"이민나야! 잘 꼬아 놓은 끈을 좀 다오."

"어디 가려고요?"

"해변에 가서 산책을 좀 해야겠다. 무언가 먹을 게 밀려와 있을지도 몰라."

"알았어요. 갔다 오세요. 그런데 너무 무리하지 마세요."

"그래. 알았다."

그 시각 토끼들도 고기를 남겨 두었던 곳으로 떠났다. 고기를 미처 다 싸지도 못했는데 여우가 달려오는 게 보였다. 토끼가 말했다.

"어이쿠! 어떻게 하면 좋아! 저기 봐. 여우 아줌마가 달려오네. 아줌마는 내가 바다표범 사냥한 걸 어떻게 알았을까? 정말 귀신같아! 아니야, 누가 살짝 귀띔을 해 준 게 분명해."

여우가 달려왔다.

"이봐, 조카! 바다표범 사냥했지? 내 느낌이 딱 맞았구나."

"맞아요, 사냥했어요. 어떻게 알고 귀신같이 때맞춰 왔네요. 제가 바다표범 사냥했다고 누가 그러던가요?"

"아니야! 누구한테 들은 게 아니야. 그냥 해변을 돌아다니면서 먹을 걸 주우러 나왔는데 바닷바람에 바다표범 냄새가 날아왔거든."

과장이 아니라 정말이지 여우는 후각이 무척 발달했다. 토끼가 말했다.

"알았어요. 필요한 만큼 가지고 가세요."

"고마워! 그런데 얼마만큼 가져가면 될까?"

"가지고 갈 수 있는 만큼 가져가세요. 아줌마는 힘이 세니까 많이 가져가실 수 있을 거예요."

여우는 고기를 가져갈 수 있는 만큼 끈으로 묶었다. 토끼가 말했다.

"누나들, 이제 가자! 고기가 아직 남았지만 오늘은 다 못 가지고 가. 나중에 다시 가지러 오기로 하고 일단 집으로 가자."

토끼 남매는 집으로 돌아갔고 여우도 집으로 달려갔다. 집 근처에서 놀던 여우의 막내아들 림노이닛킨은 먼발치에서 엄마가 달려오는 모습을 보았다.

"와! 엄마가 온다. 이민나 누나, 엄마한테 갈래."

림노이닛킨이 엄마를 마중하겠다며 달려갔다.

"우와! 엄마! 뭘 그렇게 많이 가지고 와?"

"그러게! 이게 다 바다표범 고기란다."

"엄마가 바다표범 사냥을 했어?"

"아니야, 내가 아니라 토끼가 했어. 빨리 집에 가자. 내일은 셋이 함께 가서 남은 고기를 모두 가지고 오자."

토끼들은 어스름이 걷히기 무섭게 자리를 박차고 일어나 남겨 둔 고기를 가지러 달려갔다. 약삭빠른 여우가 고기를 다 가져갈까 봐 두려웠다. 이 시각 여우도 아이들을 데리고 고기를 가지러 달려갔다. 하지만 토끼들이 이미 고기를 다 챙긴 뒤였다. 애석하게도 토끼들은 여우들을 위해 단 한 점의 고기도 남겨 놓지 않았다. 토끼는 생각보다 멍청한 동물이 아니다. 여우도 이만저만 꾀가 많은 게 아니었다. 여우들도 비슷한 시각 해변에 도착했다. 엄마가 맨 앞에서 갔고 딸 이민나와 아들 림노이닛킨이 뒤에서 따라오고 있었는데 아들은 맨 뒤에서 느릿느릿 걸어오고 있었다. 토끼 남매와 여우 가족이 마주쳤다. 토끼가 먼저 알은체를 했다.

"아이고! 왔군요!"

"그래, 왔지!"

"남은 것들을 다 가져가세요. 우리는 이미 필요한 만큼 다 챙겼어요."

여우는 아이들을 데리고 고기를 가지러 갔다. 조금 전처럼 엄마 여우가 맨 앞에서 갔고 딸 이민나와 아들 림노이닛킨이 엄마의 뒤를 따랐다. 아들 림노이닛킨은 아직 어린데다 몸이 약해서 사실 고기가 있다고 해도 들고 갈 수가 없었다.

토끼와 누나들은 집으로 갔다. 할머니는 고기를 빨리 먹고 싶은 생각은 없었지만 어쨌든 밖으로 나와 손자 손녀를 기다리고 있었다. 드디어 손자 손녀들의 모습을 발견한 할머니는 그들을 위해 맛있는 음식을 준비해야겠다고 생각했다. 토끼들이 집에 도착했다.

“할머니, 짐을 받아 주세요!”

“그래, 왔구나!”

“예, 무사히 다녀왔어요.”

“그런데 여우는 어디에 있니?”

“아이들과 함께 고기를 가지러 왔더라고요. 하지만 저희가 다 가지고 와서 여우들은 허탕을 쳤지요 뭐.”

“그래 잘했다. 여우들에게도 그 정도 줬으면 충분하다. 여우에게 비계도 주었잖니.”

할머니는 여우에게 그 정도 베풀었으면 충분하다며 손자손녀를 다독여 주었다. 아침에 토끼들이 잠에서 깨자 할머니가 말했다.

“애들아! 배불리 먹었으니 이제는 할머니 할아버지를 집으로 돌려보내자. 그동안 마음고생을 한 우파필 가족에게 감사의 표시로 선물도 준비하는 게 좋겠어. 선물로 뭐가 좋을까? 그래! 순록 고기, 식사나무 열매, 도토리를 준비하자. 우파필이 할아버지 할머니가 안 계시는 동안 얼마나 쓸쓸하고 슬펐겠니!”

토끼들은 준비한 선물들과 바다표범의 뼈를 해변으로 가지고 갔다. 토끼들은 뼈는 해변에 묻고 선물은 그 옆에 놓아둔 뒤 집으로 돌아갔다. 그때 슬픔에 잠겨 해변을 서성이던 손녀 우파필은 할아버지 할머니가 걸어오는 모습을 보았다. 환영이라고 생각했다. 그런데 자세히 보니 정말 할아버지 할머니가 살아서 돌아오고 있었다. 우파필은 자신의 뺨을 몇 차례나 때렸다. 꿈이 아니었다. 우파필은 뛸 듯이 기뻤다. 아버지는 상심에 잠겨 집에서 두문불출하고 있었다. 아버지는 우파필 때문에 할아버지 할머니가 돌아가셨다며 딸을 심하게 나무랐다. 그런데 할아버지 할머니가 선물까지 들고 집으로 돌아온 것이 아닌가!

"자, 보거라! 토끼들이 우리에게 선물을 주었단다. 사시나무 열매, 도토리, 순록 고기까지 있구나!"

"세상에! 어머나! 선물까지 가지고 왔어요?"

이에 더해 할아버지는 엘리무스 풀도 선물로 받아 왔다.

끝이 없는 여우의 장난

언덕에서 썰매를 타던 쥐들이 소리를 질렀다.

"우와! 와! 신난다!"

쥐들은 악령 여인이 사는 집에서부터 썰매를 타고 신나게 미끄러져 내려왔다. 너무 즐거워 몇 번이고 언덕 위아래를 오가면서 썰매를 탔다.

"하하하! 신난다! 정말 신난다!"

악령 여인이 혼자 중얼거렸다.

"도대체 뭐가 집 안에 들어오는 햇빛을 가리는 거지? 입술에 붙은 내 코인가?"

칼로 코를 잘라 그 자리에서 먹어 치웠다.

"으흐흐흐!"

이건 그리 이상한 일이 아니다. 당시 우리 조상들도 순록의 코와 입술을 먹었다. 그런데 쥐들이 또 썰매를 타면서 쪼르르 미끄러져 내려갔다.

"와! 하하하! 정말 신난다!"

이번에도 악령 여인은 혼자 중얼거렸다.

"도대체 무엇이 집 안에 들어오는 햇빛을 가리는 거지? 불룩 튀어나온 내 오른뺨인가?"

악령 여인은 오른뺨을 칼로 잘라 그 자리에서 먹어 치웠다.

악령은 정말 대식가다. 먹어도 늘 배가 고파 허덕인다. 악령의 이런 행동도 이상한 것이 아니다. 당시 우리 조상들이 순록의 귀를 먹었던 것과 같은 이치다.

쥐들은 또 썰매를 타고 내달렸다.

"야호! 신난다!"

이번에도 악령 여인은 혼자 중얼거렸다.

"도대체 무엇이 집 안에 들어오는 햇빛을 가리는 거지? 불룩 튀어나온 내 왼쪽 뺨인가?"

왼쪽 뺨을 칼로 잘라 그 자리에서 먹어 치웠다.

쥐들은 지치지도 않는지 또 썰매를 타고 내달렸다. 도대체 이게 몇 번째인가?

"야호! 와! 정말 신난다!"

악령 여인은 혼자 중얼거렸다.

"대체 무슨 일인지 나가 봐야겠군! 도대체 누가 계속 집 안에 들어오는 햇빛을 가리는 거야? 도저히 안 되겠어, 정체를 알아내야겠어!"

악령을 발견한 쥐들이 대경실색해 달아나려는데 악령 여인이 쥐들을 불렀다.

"바로 네놈들이로구나! 그러지 말고 나랑 같이 썰매를

타자!"

악령 여인의 이 말에 귀가 솔깃해진 쥐들은 순진하게도 같이 썰매를 탈 생각으로 악령 여인에게 갔다. 그 순간 악령 여인이 쥐들을 잡아 자루에 넣은 뒤 집으로 가져와 벽 높은 곳에 매달아 놓았다. 잠시 후 악령 여인은 장작을 가지러 산으로 갔다. 악령 여인의 집에서 멀지 않은 곳에 여우가 딸과 함께 살고 있었다. 바로 그때 여우가 딸에게 말했다.

"이민나야, 끈이 어디에 있니?"

"왜요?"

"그냥! 밖에 한번 나가 보려고."

밖으로 나간 여우는 한참을 걷다가 갑자기 누군가의 울음소리를 들었다. 느닷없는 울음소리에 놀란 여우는 소리가 나는 곳으로 갔다. 소리는 악령 여인의 집 벽에 걸린 자루에서 새어 나오고 있었다. 깜짝 놀란 여우가 물었다.

"어머, 어쩌면 좋아! 누가 너희를 이런 곳에 매달아 놨니?"

"제발 자루에게 이렇게 말해 주세요. '몸을 숙여 보거라. 쥐의 비계로 너를 가득 채워 줄게'라고요. 그리고 자루가 몸을 숙이면 저희를 풀어 주세요."

여우는 쥐들이 시키는 대로 말했다.

"자루야, 몸을 숙여 보거라. 쥐의 비계로 너를 가득 채워 줄게."

자루가 몸을 숙이자 여우는 때를 놓치지 않고 쥐들을 풀어 주었다. 그런데 안타깝게도 제일 몸집이 작은 쥐는 이미 죽어 있었다. 여우는 사시나무 가지로 자루를 가득 채우고 죽은 쥐도 도로 자루에 집어넣은 뒤 쥐들에게 말했다.

"애들아, 빨리 집으로 돌아가거라! 가서 부모님께 악령 여인을 피해 지금 당장 강 상류 쪽으로 이사해야 된다고 해라. 그런데 액운을 막으려면 지금 사는 곳에는 양을 잡아 놓고 떠나야 된다는 말도 전해라."

쥐들은 엉엉 울면서 집으로 돌아갔다. 부모님이 물었다.

"어디 갔다 오니?"

"저기 산에서 썰매를 타고 있었어요. 악령이 우리를 잡아 자루에 집어넣고 집 높은 곳에 매달아 두었어요. 마침 여우 아줌마가 우리를 풀어 줘서 살아났어요. 여우 아줌마가 엄마 아빠한테 전하래요. 여기에 양을 잡아 놓은 뒤 악령을 피해 강 상류 쪽으로 이사를 가야 한대요."

정말로 쥐들은 여우가 시킨 대로 양 한 마리를 잡아 놓고 강 상류로 이사를 갔다. 여우는 집으로 돌아가는 길에 쥐들이 살던 곳에 들렀다. 이런 횡재가 있나! 양이 떡하니 누워 있는 게 아닌가! 게다가 포동포동하고 창자에는 비계가 잔뜩 붙어 있는 게 아닌가! 집에 가니 딸 이민나가 물었다.

"어디 갔다 오는 거예요?"

"저기서 온다. 악령 여인이 쥐들을 잡아 자루에 넣어서 높은 벽에다 걸어 놓았더구나. 쥐들을 풀어 주고 집으로 돌려보냈단다. 쥐들에게 강 상류 쪽으로 이사를 가라고 했어. 오다가 보니 정말로 이사를 갔더구나. 그런데 쥐가 살던 집에 갔더니 양이 죽어 있고 그 옆에는 비계가 두껍게 붙어 있는 내장이 있더구나. 얘들아! 거기에 가서 그것들을 가지고 오너라."

딸들은 엄마가 시키는 대로 그곳에 가서 양고기와 비계를 모두 가져왔다. 여우가 딸 이민나에게 말했다.

"오리나무 껍질을 구해 오너라."

"갑자기 웬 오리나무 껍질? 오리나무 껍질은 뭐에 쓰려고요?"

"악령 여인이 오면 내가 아프다고 해라. 하여간 그때 쓰려고 한다."

"그러게 쥐들은 왜 풀어 줬어요. 악령 여인이 먹게 그냥 두지? 도대체 어쩌려고 풀어 준 거예요?"

장작을 짊어지고 집으로 돌아온 악령 여인은 배가 고파 쥐들을 넣어 둔 자루를 풀었다. 귀신이 곡할 노릇이 아닌가! 쥐들은 어디에도 없었다. 죽은 쥐 한 마리만 남아 있어 그 쥐를 먹으면서 곰곰이 생각했다. 악령 여인은 기분이 상해 사람의 해골을 들고 태우려고 했다. 그런데 해골이 이를 갈면서 악령 여인을 이죽이죽 비웃었다. 기분이 상한 악령 여인은 해골을 있는 힘껏 던지면서 소리쳤다.

"왜 비웃는 거야? 그렇게 잘났으면 도대체 왜 죽은 거야?"

그러고는 구멍이 뚫린 돌에게 이것저것 마구 캐물었다.

"쥐는 어디에 있니? 까마귀가 데리고 갔니?"

"아니요. 까마귀가 아니에요."

"그러면 쥐가 어디에 숨었단 말이냐? 검은 까마귀 잇치만카이의 짓이 맞지?"

"글쎄, 아니라니까요!"

"아하! 그러면 흑갈색 여우의 짓이냐?"

"맞았어요!"

돌을 이마에 붙여 보았다.[5] 돌이 떨어지지 않는 것으로 보아 돌의 대답이 맞는 것 같았다. 악령 여인은 한달음에 여우의 집으로 달려갔다. 이때 밖에 있던 여우의 아들 림노이닛킨이 악령 여인을 보고는 엄마에게 말했다.

"엄마! 큰일 났어요! 악령 여인이 씩씩거리면서 여기로 오고 있어요!"

---

5) 케레크인은 돌을 이마에 붙여 떨어지지 않으면 상대방의 대답이 맞다고 생각하는 풍습이 있다.

여우가 딸 이민나에게 말했다.

"악령 여인에게 엄마가 아프다고 말해라. 자, 오리나무 껍질을 이리 다오."

이민나가 두툼한 오리나무 껍질을 주자 여우는 그 위에 걸터앉았다. 집에 온 악령 여인을 여우의 아들 림노이닛킨이 무척 반갑게 맞아 주었다.

"아하! 아줌마 오셨어요!"

쥐를 풀어 준 범인을 잡게 되어 너무 들뜬 나머지 악령 여인은 허둥대며 집으로 들어가다가 집 앞에 있는 돌에 부딪혀 볼썽사납게 뒤로 자빠지고 말았다. 이민나가 웃음을 참으면서 말했다.

"아줌마, 빨리 안으로 들어가서 뭐 좀 드세요."

악령 여인이 집 안으로 들어가자 여우가 상냥하게 웃었다.

"이게 누구야? 어서 와! 정말 잘 왔어. 그런데 어쩌나…. 내가 지금 많이 아픈데…. 남편도 지금 없어서…. 그래서 부탁이 있어. 내가 빨리 낫게 좀 도와줘."

"그런데 왜 나를 가지고 노는 거지?"

"아니야! 내가 언제 너를 가지고 놀았다고 그래! 말도 안 돼! 난 오히려 네게 간절하게 부탁하고 싶어. 내가 빨리 자리에서 일어나게 도와 달라고 말이야."

여우가 오리나무 껍질을 들면서 말했다.

"내 몸이 바로 이 오리나무 껍질 같아. 올리나잇킨산으로 데려다줘. 안 그러면 금방이라도 죽을 것 같아."

"알았어. 참으로 딱하군. 너를 도와줄 사람이 아무도 없는 것 같군."

악령 여인이 앞장서자 여우가 딸을 불렀다.

"이민나야, 내 윗도리가 어디에 있니?"

"갑자기 윗도리는 왜 찾아요?"

"악령 여인을 절벽 밑으로 떨어뜨리려고 그런다."

악령 여인은 그 시각 이미 절벽에 도착해 있었다. 여우는 살며시 악령 여인 옆으로 다가가서 절벽 밑으로 밀었다. 악령 여인은 "아악! 악!" 하는 외마디 비명과 함께 천 길 절벽 아래로 떨어졌다. 악령 여인의 다리가 부러졌다.

여우는 깔깔깔 웃으면서 그 자리를 떠났다. 한참을 걸어가는데 갑자기 여우의 앞에 넓은 바다가 펼쳐졌다. 바다에서는 오리 한 마리가 얼음을 타고 유유히 해변으로 오고 있었다. 여우가 오리에게 말했다.

"이봐요! 여기 좀 봐요! 흰옷을 입고 배를 타고 바다에 떠 있네요. 그러지 말고 저도 좀 데리고 가요."

"그건 안 돼!"

"당신은 정말 나빠요! 당신의 코를 물어뜯어 버릴 거

예요!"

그때 갈매기가 바다 위에 날아다니고 있었다. 여우는 이번에도 기쁜 기색을 감추지 못했다.

"갈매기가 흰옷을 입고 날아다니네. 나도 날아서 갈매기에게 가야겠다."

"뭐 하는 거야? 너는 날개가 없어 날 수가 없어. 그러지 말고 얼음을 딛고 뛰어와."

여우는 얼음을 디디면서 갈매기에게 갔다. 갈매기가 말했다.

"잠깐 기다려 봐. 네게도 날개를 달아 줄게. 자, 날아 보자. 그런데 해가 뜰 때 재채기를 하면 안 돼. 떨어질 수 있거든."

여우는 갈매기와 같이 하늘 위로 날아올랐다. 그 순간 해가 어렴풋이 떠올랐다. 여우는 그새 갈매기의 말을 잊고 재채기를 하는 바람에 바다에 떨어지고 말았다.

"어푸, 어푸! 살려 줘!"

갈매기는 그저 웃기만 했다. 그때 다행히 바다에 통나무가 떠다니고 있었다. 여우는 통나무에 기어 올라가 간신히 해변으로 나왔다. 여우는 너무 지치고 힘들었다. 여우는 해변에 누워 잠시 쉬고 싶은 생각에 두 눈을 뽑았다.

"이봐, 눈들! 나를 잘 지켜 줘. 누가 오면 당장 깨워야 해!"

절벽 밑에서 기어 올라와 다리를 절룩거리며 집으로 가던 악령 여인은 해변에서 자고 있는 여우를 발견했다. 여우의 눈들도 악령 여인을 발견했다. 눈들이 여우를 깨웠지만 여우는 너무 깊게 잠이 들어 미동도 하지 않았다. 악령 여인이 물을 한 양동이 들고 와 여우에게 부었다. 여우는 갑작스러운 물벼락에 깜짝 놀라 잠에서 깨어났다.

"아하하! 내게 물을 부었군. 도대체 눈들! 어째서 그렇게 말을 듣지 않는 거야! 깨우라고 분명히 말했잖아! 너희를 잡아먹어야겠어."

두 눈을 먹어 치우고 눈이 없는 채로 대충 어림잡아 걸어갔다. 길을 가는데 빨간 열매가 있어 눈 대신 끼워 넣었다. 그런데 땅이 빨갛게 보이더니 급기야는 아무것도 보이지 않았다. 도무지 쓸모가 없어 먹어 치웠다. 길을 가다 이번에는 얼음을 발견해 돌로 부순 뒤 동그랗게 만들어 눈에 박아 넣었다. 눈 대신 그런대로 괜찮았다. 여우는 날아갈 것처럼 좋았다.

"오호, 정말 잘 보이네! 투명하고 좋은데!"

그렇게 얼음 눈을 박고 걸어가다 한 마을에 이르렀다. 마을 어귀에는 곰이 자고 있었고 그 옆에는 활과 화살이 있었다. 여우는 거듭 생각할 것도 없이 바로 활을 들어 곰의 엉덩이를 겨냥했다. 화살이 엉덩이에 꽂히자 엉겁결에 잠에서 깬 곰이 엉엉 울면서 소리를 질렀다.

"에이! 뭐야! 누가 그랬어?"

"아하! 하하! 곰아, 왜 우니?"

"누군가 했더니 너구나! 나를 죽일 작정이야?"

"아니야, 내가 그런 거 아니야. 예전에 네 아버지도 툰드라에서 사람들이 쏜 화살을 맞고 심하게 상처를 입은 적이 있었어. 그때 우리 엄마가 네 아버지를 치료해 줬어. 우리 엄마가 말하길 네 아버지에게 뜨거운 돌을 먹였더니 금방 나았대. 잠깐 기다려 봐. 나도 너를 치료해 줄게."

여우가 돌을, 뜨거운 돌 하나를 곰에게 건네면서 말했다.

"입에 넣고 삼켜."

"세상에! 돌을 하나만 먹었는데 벌써 다 나은 것 같아."

"우리 엄마가 네 아버지를 이렇게 치료해 주었어."

뜨거운 돌이 들어가자 곰의 내장이 부글부글 끓기 시작하더니 곧 심한 갈증이 찾아왔다. 이를 눈치챈 여우가 말했다.

"잠깐 기다려. 눈을 먹으면 거짓말처럼 갈증이 말끔히 사라질 거야. 눈을 가져다줄게."

여우는 눈을 가지러 가는 척하면서 산꼭대기로 올라갔다. 그곳에서 내려다보니 곰이 죽을 것처럼 나뒹굴면서 땅을 마구 파헤치며 고래고래 소리를 지르고 있었다.

"여우야! 어디에 있어? 너를 죽여 버리겠어!"

그렇게 날뛰던 곰이 어느 순간 잠잠해졌다. 여우가 곰에게 가서 돌을 던져 보았는데 아무런 기척이 없어 이번에는 눈을 던졌다.

"야, 곰!"

대답이 없었다. 죽었다. 여우는 기뻐서 어깨춤을 덩실덩실 추었다. 먼저 곰의 내장을 꺼내어 깨끗이 손질한 뒤 집에 가서 딸을 불렀다.

"이민나야, 먹을 것 좀 다오! 하루 종일 돌아다녔더니 너무 배가 고프구나."

"알았어요. 빨리 들어와요."

엄마는 집 안에 들어가 실컷 먹고 그 자리에서 죽은 듯이 잠이 들었다. 다음 날 잠에서 깬 여우가 큰 소리로 딸을 불렀다.

"이민나야, 빨리 가서 곰 고기를 가져오너라. 뼈 한 조각도 남기지 말고 몽땅 가져오너라."

"알았어요. 그런데 엄마가 어떻게 곰을 죽였어요? 거참 신기한 일이네요."

"곰이 자는데 그 옆에 활과 화살이 있더구나. 곰 엉덩이에 화살을 쏘았더니 잠결에 벌떡 일어나 나보고 화살을 쏘았냐고 묻더구나. 그래서 아니라고 하면서 치료를 해 주겠다고 했지. 돌을 빨갛게 달궈 먹으면 낫는다고 했더니 바보 같이 정말 그걸 먹더구나. 그러고는 그 자리에서 찍소리도 못 하고 죽었지."

이민나는 번개 같은 속도로 달려가 곰 고기를 가지고 돌아왔다.

"빨리 갔다 왔구나! 잘했다! 이민나야, 어서 고기를 삶으렴. 네 동생들이 배가 많이 고프겠다."

여우는 곰 뼈를 한데 모아 줄에 묶은 뒤 숲으로 가지고 가서 나무에 걸어 놓았다. 그런데 그 근처에서 꼬리털이 복슬복슬한 어린 늑대 한 마리가 세상모르고 자고 있었다. 여우는 늑대의 꼬리에 곰 뼈를 묶어 놓은 줄을 묶은 뒤 큰일이 난 것처럼 소리를 질렀다.

"아이고! 너를 잡으려고 이빨이 큰 동물이 뛰어오고 있어! 큰일 났어!"

잠결에 화들짝 놀란 늑대가 벌떡 일어나 숲으로 냅다 달려가다가 곰 뼈를 묶은 줄이 나무에 걸리면서 꼬리가 잘려 나갔다. 늑대가 울면서 할머니에게 갔다.

"할머니, 이거 봐요! 내 탐스러운 꼬리가 없어졌어요! 어떻게 하면 좋아요? 숲에서 자고 있는데 여우가 나를 깨웠어요. 생각해 보니 모든 게 여우의 짓이에요. 이놈의 여우를 가만두지 않겠어요!"

늑대는 여우를 찾아 나섰다. 오랫동안 찾아다닌 끝에 드디어 여우를 만났다.

"왜 내 꼬리를 훔쳐 갔어?"

"어머, 내가 안 그랬어! 내가 얼마나 착하고 온순한데! 내가 그런 짓을 왜 해?"

여우의 변명에도 늑대는 여우의 옆구리 털을 잘라서 집으로 가지고 왔다.

"할머니! 새 꼬리를 가지고 왔어요!"

"정말 잘했다. 내가 꿰매 주마. 그런데 털이 그전처럼 탐스럽지가 않구나. 보기가 영 안 좋아. 털이 윤기도 없고 숱도 없어서 아주 보기가 흉하구나."

"할 수 없잖아요. 그거라도 달고 다녀야죠."

늑대는 심하게 우울해졌다. 꼬리를 볼 때마다 우울증이 심해졌다. 그 시각 여우는 늑대의 꼬리가 떨어진 곳으로 살금살금 기어가 늑대의 꼬리를 들고 집으로 달려가서 딸들에게 말했다.

"이민나야, 이리 와 봐! 털이 복슬복슬하고 윤기가 흐르는 늑대 꼬리를 가져왔다. 보기 좋게 잘라서 네 꼬리에 꿰매도록 해라!"

그때부터 여우들의 꼬리는 털이 복슬복슬하고 윤기가 좌르르 흐르면서 보기가 좋아졌다. 할머니가 꿰매 준 늑대 꼬리는 더 이상 옛날처럼 복슬복슬하고 윤기가 흐르는 꼬리가 아니었다. 하지만 늑대는 그 꼬리에도 무척 만족하고 기뻐하는 기색이 역력했다. 없는 것보다는 낫지 않은가!

"할머니, 여우에게 순록 고기를 좀 갖다주어야겠어요. 너무 고마워요. 제게 꼬리를 주었잖아요. 여우가 아니었으면 저는 꼬리 없는 늑대가 될 뻔했어요."

순록 고기를 가지고 여우에게 갔다. 여우의 딸 이민나가 나오면서 소리를 질렀다.

"어머, 이게 누구야! 늑대 오빠가 왔네!"

"그래, 나야. 순록 고기를 가져왔어. 내가 네 엄마의 옆구리를 못 쓰게 만들었거든. 변변찮지만 이거로 사례를 하고 싶어."

"세상에! 오빠 꼬리가 왜 그래? 이런 못된 엄마 같으니라고! 우리 엄마 짓이군. 오빠는 어째서 우리 엄마를 가만뒀어? 항상 남한테 못된 짓만 하는데…. 엄마는 남을 괴롭히지 않으면 몸이 근질근질해서 견디지를 못해. 우리 엄마지만 도저히 이해할 수가 없어."

"괜찮아. 이제 집에 갈게."

늑대는 이민나의 말을 들은 뒤 고개를 떨구고 묵묵히 집으로 갔다. 그렇다고 한들 이제 와서 어쩌겠는가! 사실 예전에 여우의 꼬리는 가늘고 볼품이 없었던 반면 늑대의 꼬리는 털이 복슬복슬하고 윤기가 흘렀다. 그런데 지금 늑대의 꼬리는 볼품없고 가늘고 숱이 없지만 여우의 꼬리는 털이 복슬복슬하고 윤기가 흘러서 무척 탐스럽다. 보통 여우 꼬리의 끝부분은 흰색인데 북극여우의 꼬리는 끝이 검은색이다. 늑대 꼬리를 갖다 꿰맸기 때문이다. 이런 이야기도 전해진다. 옛날에 바다는 깨끗하고 투명하고 맑았는데 여우가 얼음에서 떨어져 바다에 들어갔다 온 이후 바다가 탁해지고 짜졌다고 한다.

개 아가씨에게 청혼한 여우

유목 생활을 하는 늑대 안카쿠미카이틴이 옆집 개 아가씨에게 청혼을 하려 한다는 소문이 자자했다. 개 아가씨에게는 두 오빠와 여동생이 있었다. 이 소문을 여우가 못 들을 리 만무했다. 여우는 배가 아파 죽을 지경이었다. 여우는 남자 윗도리, 바지, 덧신, 모자를 직접 만들어 입고 오빠들이 없는 틈을 타 개 아가씨에게 놀러 갔다. 둘이 함께 차를 마시다가 여우가 자신의 천부적 재능인 거짓말을 늘어놓았다.

"내게 순록이 2000마리나 있소. 당신에게 청혼을 하고 싶소."

아가씨는 여우일 거라고는 상상도 하지 않았다. 단지 지난번에 와서 청혼을 한 늑대 안카쿠미카이틴이 다시 찾아왔다는 생각에 기쁨을 감추지 못했다.

"어머, 당신은 내게 또 청혼을 하러 왔군요!"

여우의 연기가 얼마나 뛰어났는지 아가씨 개는 여우에게 감쪽같이 속았다. 아가씨는 여우에게 기름진 순록 고기, 골수 요리, 소시지를 대접했다. 여우는 맛있는 부위는 몰래 감추고 있었다. 여우는 모자를 쓰고 있었는데 아가씨 개가 알아볼까 봐 모자를 벗지 않았다. 아가씨가 물었다.

"불편하지 않으세요? 왜 모자를 벗지 않으세요?"

"나는 너무 부자라서 모자를 어떻게 벗는지 모른다오."

갑자기 멀리서 개 짖는 소리가 들리자 자매들은 기뻐했다. 언니가 말했다.

"사냥 갔던 오빠들이 돌아왔나 봐요!"

순간 놀란 여우는 도망을 가려다 잠시 꾀를 내어 자매들에게 말했다.

"오! 어이쿠! 오빠들이 내 순록 떼를 쫓아 버릴까 걱정되는군요. 빨리 밖에 나가 봐야겠어요."

"그렇게 하세요."

여우는 밖으로 나가 큰 돌을 들고 산속에 숨어 있었다. 오빠들이 가까이에 오자 돌을 아래로 던져 오빠들을 죽였다. 자매는 여우가 오빠들을 죽이는 광경을 보지 못했다. 이렇게 엄청난 짓을 저지른 여우는 아무렇지도 않게 다시 자매의 집으로 가서 차를 마신 뒤 밤이 이슥해지자 집으로 돌아갔다. 가면서 자매의 집에 있는 식량을 몽땅 털어 갔다. 자매는 여우가 돌아가고 나서도 한참 동안 오빠들을 기다렸지만 오빠들은 끝내 돌아오지 않았다. 이게 대체 무슨 일인가! 아침에 일어나 보니 식량이 흔적도 없이 어디론가 사라진 것이 아닌가! 게다가 산에 가서 보니 오빠들은 죽은 채로 누워 있었다. 자매들은 부둥켜안고 기진맥진할 때까지 슬피 울었다. 언니가 말했다.

"도대체 누가 우리에게 이런 짓을 했을까?"

"언니, 여우의 짓이 아닐까?"

"쓸데없는 말을 하고 그래. 괜히 엉뚱한 사람을 모함하지 마. 여우는 우리 집에 오지도 않았잖아."

언니는 심하게 화를 냈다.

"안카쿠미카이틴에게 가서 알아보자. 어차피 집에는 오빠들도, 먹을 것도 없잖아."

안카쿠미카이틴을 찾아간 자매는 울면서 그동안의 일을 모두 이야기했다. 안카쿠미카이틴은 어제 어디에도 간 적이 없고 집 창고에 계속 머물렀다며 화들짝 놀랐다. 이 모든 것이 여우의 짓이라고 확신한 자매는 복수를 결심한 뒤 집으로 돌아갔다.

이날도 여우는 어김없이 안카쿠미카이틴처럼 차려입고 자매를 찾아왔다. 진짜 안카쿠미카이틴은 숨어서 지켜보았다. 어제와 다름없이 차를 마셨고 맛있는 음식을 먹었다. 언니가 음식을 대접하는 동안 동생은 몰래 밖으로 나가 여우가 도망가지 못하게 문 앞에 돌을 쌓아 놓았다. 그 뒤 진짜 안카쿠미카이틴이 나타나서 거짓말쟁이 여우를 붙잡은 뒤 꽁꽁 묶어 놓았다. 안카쿠미카이틴이 물었다.

"이 못된 거짓말쟁이 강도를 어떻게 할까?"

"저는 잘 모르겠어요."

"자루에 넣어 툰드라로 끌고 가는 게 어떨까요?"

동생이 말한 대로 했다. 여우를 자루에 넣고 꽁꽁 묶은 뒤 툰드라의 작은 언덕으로 끌고 갔다. 여우는 소스라치게 놀라서 기절했다. 동생이 마른풀과 나뭇가지를 잔뜩 모아 와서 여우의 위에 올려놓자 언니가 말했다.

"그러지 말고 풀어 주는 게 좋겠어."

"안 돼! 절대 그럴 수 없어! 묶인 채로 자루에서 얌전히 있는 편이 더 나아!"

오랫동안 말다툼을 했다. 결국 언니가 여우를 자루에서 꺼내 풀어 주자 동생은 다시 여우를 잡아 자루에 넣었다. 동생은 여우의 위에 마른풀과 나뭇가지를 쌓아 놓고 돌로 눌러놓았는데 마치 작은 언덕 같았다. 동생이 나뭇가지에 불을 붙였다. 너무 놀라 넋이 빠진 여우가 살려 달라고 아우성을 쳤지만 아무도 그 소리를 듣지 못했다. 근처를 지나가는 누군가, 무언가 불길에 휩싸인 채 달려가는 광경을 보았다고는 했다. 쌓아 놓은 풀과 나뭇가지에서 빠져나온 여우가 옷에 불이 붙은 줄도 모르고 달려가는 모습이리라! 이때부터 붉은색 여우가 세상에 나타났다.

안카쿠미카이틴과 자매들은 오빠들의 장례를 치러 준 뒤 함께 살기 시작했다. 언니는 안카쿠미카이틴과 결혼을 했고 동생은 조카들을 돌보다 조카들이 성장한 뒤에야 시집을 갔다.

지혜로운 케레크인 이야기

적을 죽인 영민한 아이

케레크인이 무척 많았던 아주 오래전의 일이다. 당시 케레크인은 순록을 길렀다. 그런데 갑자기 적들이 케레크인 마을을 습격했다. 번개같이 빠른 순록을 타고 달리면서 남자들을 죽이고 여자들과 아이들은 끌고 갔다. 물론 순록들도 다 가지고 갔다. 적에게 잡혀간 케레크 여인들은 집안일을 도맡아 했고 소년들은 목동이 되어 순록을 지켰다.

어느 날 케레크 부모와 두 살배기 어린 아들이 순록 썰매를 타고 어디론가 가고 있었다. 아버지는 활과 화살로 무장을 하고 있었고 아들도 활과 화살을 들고 있었다. 아버지는 어린 아들이 걸음을 떼기 시작하자마자 활과 화살을 만들어 주었다. 미리 활 수련을 하라는 의미였다. 그렇게 세 식구가 길을 가는데 갑자기 아내가 소리를 질렀다.

"어머! 저게 뭐죠?"

남편이 주위를 둘러보았다. 뒤에서 거센 눈보라가 일고 있었다. 그런데 눈보라 속에서 번개보다 빠른 순록 썰매가 나타났다. 눈 깜짝할 사이 이들을 따라잡을 판이었다. 남편은 적이라는 생각에 순록을 세게 몰아쳤다. 순록은 눈 더미도 뛰어넘는 괴력을 발휘했다. 그러는 사이 아들이 썰매에서 떨어졌다. 너무 당황한 부부는 아들이 떨어진 것도 눈치채지 못했다. 아들은 어리긴 했지만 정말 영민했다. 아들은 재빨리 눈 더미 속에 숨어 활을 꺼내 들었다.

추격해 오던 적은 소년을 미처 보지 못했다. 적은 아이의 숨은 눈 더미 맞은편에 썰매를 세워 놓고 숨을 돌리려 했다. 그 순간 아이가 적에게 활을 겨누었고 화살이 적의 눈에 명중했다. 적은 단말마의 비명을 지르면서 손으로 눈을 감싸쥐었다. 아이는 활을 또 쏘아 다른 눈에 명중시켰다. 두 눈을 잃은 적은 앞이 보이지 않아 이리저리 휘청거렸다. 손을 벌려 아이를 잡으려 했지만 눈 더미 뒤로 숨어 있는 아이를 찾을 리 만무였다. 적은 수없이 넘어졌다. 완전히 힘이 빠진 적은 눈 더미 위에 올라앉아 아이에게 물었다.

"나를 이긴 자, 너는 누구냐? 나는 눈이 아예 보이지 않는구나."

"당신을 이긴 사람은 바로 저입니다."

적은 자신을 이긴 자가 어린아이라는 사실을 알고 무척 놀랐다. 고개를 숙이고 한참을 생각한 뒤 말했다.

"아직 어린아이에 불과한데 아주 힘이 센 무사인 나를 이겼구나. 차라리 이 자리에서 나를 죽여라. 이제는 눈이 멀어서 어디에도 갈 수 없을 것이다. 게다가 세상 사람들은 어린아이에게 졌다고 모두 나를 비웃을 것이다!"

“나는 아직 어립니다. 두렵습니다. 그리고 당신을 죽일 힘이 없습니다.”

“내게 창을 다오.”

아이가 창을 주자 적은 창끝으로 자신의 가슴을 찌른 뒤 다른 쪽 창끝은 눈 더미에 박으라고 부탁했다. 아이는 적이 시키는 대로 했다.

“내 순록들을 가지고 부모님에게 가라. 나를 이겼으니 내가 가진 모든 것은 너의 것이다.”

적은 그 자리에서 스스로 목숨을 끊었다. 아이는 썰매를 타고 서둘러 부모의 뒤를 쫓아갔다.

무사 테밀과 무사 벨빌레비트

아주 오래전 바다 가까이에 무사 테밀이 엄마와 함께 살고 있었다. 테밀은 '가는 바늘'이라는 의미다. 이름과 달리 테밀은 손가락을 한 번만 튕겨도 산이 무너지고 숲이 쓰러질 정도로 힘이 셌다. 테밀은 자신의 힘을 이용해 사람들을 괴롭혔고 사람들에게 씻을 수 없는 고통을 안겨 주었다. 가혹할 정도로 심하게 사람들을 때렸고 사람들이 힘들여 사냥해 온 동물들을 모조리 빼앗아 갔다.

테밀은 얼음 바다 위의 별에 자신의 힘[6]을 넣어 두었다. 못된 짓만 일삼은 탓인지 어느 날부터 테밀은 누군가 자신의 힘을 훔쳐 간 뒤 자신을 죽인다는 망상에 시달렸다. 테밀이 이런 망상에 시달리는 시간은 나날이 늘어 갔다.

이즈음 부엔[7] 마을에 남자아이가 태어났는데 부모는 아이에게 '까마귀 머리'라는 의미의 벨빌레비트라는 이름을 지어 주었다. 아이는 놀랄 정도로 빨리 성장했는데 그야말

---

6) 힘을 별에 보관한다는 내용은 러시아 설화에서 차용된 것이다.

7) 부엔 : '동물의 입'이라는 의미인데 북축치인은 아나디르 시에 있는 마을을 이렇게 부른다.

로 무사 중의 무사였다. 여덟 살에는 이미 갈색 곰 여덟 마리와 흰 곰 여덟 마리를 짊어질 수 있을 정도로 힘이 세어졌다.

어느 날 엄마가 테밀에게 말했다.

"테밀아, 집에 비계가 떨어졌구나. 빨리 구하지 않으면 등불을 켜지 못할 것이다."

테밀은 바다에 가서 바다표범 사냥을 할 채비를 했다.

"엄마, 바다 위에 걸린 별을 잘 보세요. 떨어질까 봐 걱정돼요. 저보다 더 힘이 센 자가 나타났어요. 벨빌레비트라는 어린 소년인데 아직은 어리지만 더 크면 저에게 매우 위협적인 존재가 될 거예요."

벨빌레비트는 툰드라에 살고 있었지만 바다동물 사냥도 했다. 마침 이날 바다 동물 사냥을 나간 벨빌레비트는 테밀과 마주쳤다. 테밀이 물었다.

"오오! 누가 왔군! 누구냐? 어디서 오는 길이냐?"

테밀을 본 벨빌레비트는 정신이 아득해질 정도로 놀랐다. 테밀은 산과 비교해도 절대 뒤지지 않을 만큼 몸집이 거대했다. 아니, 웬만한 산보다 훨씬 더 컸다.

"부엔 마을에서 온 벨빌레비트입니다. 그러는 당신은 누구죠?"

벨빌레비트라는 이름을 들은 테밀은 화들짝 놀라 소리를 질렀지만 이내 공포심을 떨쳐 버리고 소년을 혼내 줄 방법을 찾기 위해 머리를 굴리기 시작했다.

"벨빌레비트야, 우리 둘 중 누가 더 민첩하고 힘이 센지 내기를 해 보자!"

"좋아요! 그런데 어떻게 하는 거죠?"

"이렇게 하는 거야! 내가 먼저 시범을 보일 테니 나를 잘 봐라."

테밀은 입으로 바다에 바람을 불어 넣기 시작했다. 그러자 바다가 미친 듯이 날뛰었고 강풍이 불면서 얼음이 쩍쩍 소리를 내며 갈라졌다. 갈라진 얼음은 서로 뒤엉켰고 일부는 공중으로 높이 날아갔다. 이제 테밀은 벨빌레비트 쪽으로 몸을 돌려 바람을 불어 넣는 척하면서 벨빌레비트를 바다에 빠뜨릴 작정이었다. 테밀의 의중을 눈치챈 벨빌레비트는 눈 깜짝할 사이 테밀의 덧신으로 들어갔다. 벨빌레비트는 테밀의 복사뼈 근처에 앉아서 테밀이 바람 부는 일을 멈추기만 기다렸다.

"벨빌레비트! 어디 있는 거야? 왜 대답이 없는 거야? 우와, 신난다! 벨빌레비트가 물에 빠졌어! 역시 나는 세상에서 가장 강한 사람이야!"

"여기 있어요! 당신은 나를 바다에 빠뜨리지 못했어요!"

벨빌레비트의 목소리를 들은 테밀은 깜짝 놀라 공포로 몸을 부들부들 떨었다.

"자, 이제는 제가 시작하겠어요!"

벨빌레비트는 테밀의 덧신에서 기어 나와 바람을 불기 시작했다. 바람이 일었다. 바다가 광폭하게 날뛰었고 얼음이 산산조각 났으며 거대한 얼음덩이들이 공중으로 날아갔다. 벨빌레비트는 재빨리 있는 힘을 다 모아 테밀에게 바람을 불었다. 무사는 바다로 날아갔지만 물에 빠져 죽지는 않았다. 테밀은 산보다 더 컸기 때문에 바닷물에 빠져 봤자 무릎까지밖에 오지 않았다.

"벨빌레비트야, 이제 그만하자! 어쨌든 네가 나를 이긴 것은 아니야. 내 힘은 높은 곳에 숨겨 두었어. 오늘 나는 힘을 전혀 쓰지 않았어. 잠깐 놀아 본 것뿐이야."

몇 년 뒤 두 무사는 다시 만났다. 10년 뒤 결투를 해 이기는 사람이 추콧카 지역의 주인이 되기로 했다. 각자 자신의 길을 찾아 떠났다. 벨빌레비트는 10년 동안 피나는 수련을 해 산을 옮길 정도로 힘이 세어졌다. 벨빌레비트는 무척 큰 콘찬산의 정상을 깎아 부옌 마을로 옮겨 놓았다. 지금도 부옌 마을에는 벨빌레비트가 옮겨 놓은 산 정상과 절벽들이 있다. 지금도 콘찬산은 콘찰란스크 간석지 입구에 우뚝 솟아 있는데 정상에는 무언가로 도려낸 흔적이 또렷이 남아 있다. 벨빌레비트는 단단해졌고 무사다워졌다. 체격이 커지면서 앉을 때마다 윗도리와 바지가 찢어지는 일이 잦아졌다.

테밀은 그동안 미친 듯이 먹어 치웠다. 아침이면 해마 열 마리와 바다표범 열 마리를 익히지도 않은 채 먹었다. 저녁이면 바다표범 쉰 마리와 순록 스물여덟 마리를 탐욕스럽게 흡입했다. 그는 음식만이 힘을 보충해 준다고 생각했기 때문에 수련 따위는 전혀 하지 않았다. 테밀은 자신에게는 별에 보관된 힘이 있기 때문에 자신은 벨빌레비트가 감히 이기지 못할 정도로 뚱뚱해지는 것이 최선의 방법이라고 생각했다.

10년의 세월은 물 흐르듯 빨리 지나갔다. 드디어 테밀과 벨빌레비트가 만났다. 테밀은 벨빌레비트를 쥐에 빗대면서 조롱했다.

"어이쿠, 벨빌레비트가 왔군! 네 눈은 쥐 눈 같아. '쿡크쿡크!'라고 말하는 게 차라리 낫지 않을까?"

"닥쳐라! 너, 테밀! 배에 허리띠를 묶지 않으면 움직이지 못할 정도로 비대해졌구나!"

이 말을 들은 테밀은 머리끝에서 발끝까지 넘실거리면서 뛰어다니는 분노를 도저히 억누를 수가 없었다. 테밀은 분노로 몸을 부들부들 떨면서 당장이라도 죽일 듯이 벨빌레비트에게 달려들었다. 이 시각 툰드라에 있던 사람들은 땅이 울리는 소리를 들었다. 이것은 추콧카의 두 무사가 싸움을 시작했다는 신호였다. 무척 오랫동안 싸웠다. 무사들이 싸움을 시작한 건 겨울이었는데 이미 오래전에 툰드라에는 봄이 찾아왔다. 도저히 승패를 가릴 수가 없었다.

"이봐, 벨빌레비트! 잠시 쉬자!"

잠시 쉬기로 한 두 무사는 집으로 돌아가서 잠을 잤다. 벨빌레비트는 집에 가려면 아나디르강을 건너야 했다. 그런데 강에서 쥐가 앙증맞게도 물놀이를 하고 있었다. 벨빌레비트는 쥐를 잡아 모자에 넣고 집으로 왔다. 벨빌레비트는 사흘 내내 쉬지 않고 잤다. 그만큼 피로가 쌓여 있었다. 벨빌레비트는 잠에서 깨어나 다시 길을 재촉했다.

"벨빌레비트! 어디 가려고?"

벨빌레비트는 주위를 둘러보았지만 목소리의 주인을 알아낼 수가 없었다.

"나야, 쥐! 모자에서 나 좀 꺼내 줘."

벨빌레비트는 그제야 쥐에 대해 기억해 냈다. 쥐를 모자에서 꺼내 주면서 자신이 지금 어디로 갈 건지 들려주었다.

"벨빌레비트! 이제부터 내가 하는 말 잘 들어! 어두워지면 하늘에 밝은 별이 나타날 거야. 그 별 안에 테밀의 힘이 숨겨져 있어. 별을 손에 넣기만 하면 네가 이기는 건 이미 떼어 놓은 당상이야."

이 말을 끝으로 쥐는 툰드라로 달려갔다. 벨빌레비트는

별을 손에 넣을 수 있는 방법에 대해 무척 오랫동안 고심했다. 말이 그렇지 어떻게 별을 딴단 말인가! 드디어 생각이 났다. 아주 길고 튼튼한 올가미를 만들었다. 저녁에 밖으로 나가 올가미를 테밀의 힘이 보관된 별에 던졌지만 너무 짧았다. 올가미를 더 길게 만든 뒤 다시 별에 던졌다. 이번에는 제대로 별에 가서 닿았다. 벨빌레비트는 별을 끌어당긴 뒤 품 안에 넣었다. 테밀은 열흘이 지난 뒤에야 잠에서 깨어났다.

"오호, 테밀! 그렇게 뚱뚱해서야…. 뭐로 배를 묶을래?"

벨빌레비트는 심하게 뚱뚱해진 테밀을 비웃었다. 테밀은 출렁거리는 배가 싸우는 데 방해가 되지 않도록 고래 창자로 만든 허리띠를 배에 열 번 가량 둘렀다.

"테밀, 내 올가미가 무엇을 낚았는지 볼래?"

벨빌레비트는 이 말과 함께 품 안에 든 별을 꺼냈다. 테밀은 몸을 부들부들 떨었고 주위를 한 번 빙그르르 돈 뒤 별을 빼앗으려고 벨빌레비트에게 광폭하게 달려들었다. 그 순간 벨빌레비트가 돌로 별을 치자 별은 가루가 되어 흩어졌고 테밀은 그 자리에서 쓰러졌다. 테밀의 모자는 바다로 날아가서 섬이 되었고 테밀은 산이 되었다. 이 산이 바로 부옌 마을과 아나디르강 옆에 있는 템랸산이다.

가여운 옴리트바알

부유한 코랴크인 라글랴타 밀류가 옴리트바알의 아버지 투필을 찾아와서 목동을 구한다고 했다. 라글랴타는 옴리트바알의 삼촌 누타베야를 데려가고 싶어 했다. 하지만 성격이 곧고 불같은 누타베야는 코랴크인의 집에는 가지 않겠다고 단칼에 거절했다. 투필은 아들들은 보내고 싶지 않았다. 사냥꾼이 필요했기 때문이다. 투필이 말했다.

"그러면 옴리트바알을 보내자. 옴리트바알은 여자라서 여기에 있다가 자칫하면 궁핍하게 살 수도 있어. 그러니 차라리 보내자."

옴리트바알은 전혀 원하지 않았다. 옴리트바알은 하늘이 무너지고 땅이 꺼지는 것 같았다. 옴리트바알은 이 상황이 너무 기가 막혀서 눈물을 강물 흐르듯 쏟아 냈다. 결국 옴리트바알을 썰매에 강제로 묶어 끌고 갔다. 라글랴타의 집에는 아내 이피코가 있었다. 이피코는 매우 선량했고 다정다감했다. 이피코의 배려 덕분에 옴리트바알은 따뜻하게 입었고 배불리 먹었다. 이들 부부에게는 이피쿠예이라는 갓 태어난 아들이 있었다. 옴리트바알은 이 아이를 돌보면서 아무 걱정 없이 평온하게 지냈다. 그러던 어느 날 라글랴타가 두 번째 아내를 맞이하기로 결정했다. 라글랴타는 도토리 죽을 끓이고 있는 이피코에게 말했다.

"예이네프네비트를 두 번째 아내로 맞이할 것이오. 가서 직접 데려오시오. 그리고 마을 사람을 모두 초대해 죽을 대접하시오."

이피코는 목 놓아 울었다. 이피코는 아무도 초대하고 싶지 않았다. 이 일로 라글랴타와 이피코는 심하게 싸웠고 끓는 죽이 든 솥을 방으로 옮겨 놓았다. 그 시간 올리트바알은 방에서 아이를 돌보고 있었다. 두 부부의 싸움은 급기야 몸싸움으로 번졌다. 결국 두 부부는 올리트바알과 아이를 쳤고 그 바람에 아이가 죽이 끓는 솥에 빠졌다. 아이는 온몸에 치명적인 화상을 입었다. 고통으로 몸부림치던 아이는 다음 날 세상을 떠났다. 라글랴타의 첫 번째 아내 이피코는 무척 현명했는데 아이가 죽은 뒤 더 이상 아이를 낳지 않았고 어느 날 소리 소문 없이 라글랴타를 떠났다. 집으로 돌아간 것 같았다.

이런 우여곡절을 겪고도 라글랴타는 결국 예이네프네비트를 아내로 맞이했다. 이때부터 올리트바알의 삶은 힘들어졌다. 점심때만 음식을 먹을 수 있었고 옷은 낡고 해져서 버리기 직전이었다. 라글랴타는 남자 목동처럼 일을 하라며 올리트바알을 옥죄었다. 어느 날 올리트바알이 순록을 지키고 있을 때 늑대가 순록들을 습격해 물어뜯었다. 몇 마리는 죽고 몇 마리는 살아났지만 치명적인 상처를 입었다. 옴리트바알은 집으로 달려가 늑대들이 순록들을 습격했다고 알렸다. 라글랴타가 큰 소리로 욕을 퍼부었다.

"왜 활을 쏘지 않은 거야?"

라글랴타는 집 안에 들어가 두꺼운 벨트를 가지고 나와 옴리트바알의 머리를 후려갈겼다. 그것으로도 성이 차지 않아 큰 막대기를 들고 나와 때리기 시작했다. 그다음에는 라글랴타의 새 아내가 옴리트바알에게 욕을 하면서 저주를 퍼부었다. 한차례 전쟁보다 더한 폭풍이 지나간 뒤 옴리트바알은 모닥불 옆에 앉아 음식을 준비하고 있었다. 그때 라글랴타의 새 아내가 옴리트바알에게 칼을 던져 다리에 심한 상처를 입게 되었다. 라글랴타의 새 아내는 옴리트바알에게 정말 너무 가혹했다.

"당장 가서 물을 길어 와!"

옴리트바알은 피가 철철 흘러내리는 다리를 끌고 물을 길으러 가야만 했다. 그때 순록 떼가 강을 건너고 있었다. 옴리트바알은 여자인 데다 다리에 심한 상처를 입고 있었기 때문에 깊은 강을 건너는 것은 무리였다. 옴리트바알은 집에 와서 순록 떼가 강을 건너가고 있다는 말을 전했다. 옴리트바알은 라글랴타와 함께 강으로 달려갔다. 순록은 이미 강을 건넌 뒤였다. 라글랴타는 옴리트바알을 강물에 처넣으면서 죽으라고 저주를 퍼부었다. 그 순간 옴리트바알은 라글랴타의 말대로 죽는 편이 낫겠다고 생각했다. 그냥 물에 몸을 맡겼다. 그러나 옴리트바알은 죽지는 않았다. 옴리트바알은 순록이 풀을 뜯고 있는 강 맞은편으로 가 있었다.

옴리트바알은 물가의 작은 나무를 잡고 강기슭으로 간신히 올라와 옷을 말리기 시작했다. 아주 오랫동안 아무것도 먹지 못한 채 순록 옆에서 앉아 있었다. 그해 겨울 옴리트바알은 다시 자살을 생각했다. 바다표범 가죽으로 만든 순록 썰매용의 튼튼한 줄을 구했다. 줄을 도토리나무에 묶은 뒤 목에 거는 순간! 줄이 힘없이 끊어지면서 자살 시도는 실패로 끝났다. 그날 이후 옴리트바알은 자살에 대한 미련을 깨끗하게 버렸다. 옴리트바알은 여전히 순록 옆에서 지냈다. 어느 날 이웃에 놀러 갔다. 이웃은 무척 밝고 인정스러웠는데 그만 옴리트바알과 어울리는 사실을 라글랴타에게 들키면서 입에 담을 수 없는 심한 욕설을 듣고 구타를 당해야 했다. 라글랴타의 새 아내는 차를 끓여 옴리트바알의 등에 부었다. 이웃들은 옴리트바알이 너무 가엾고 애잔했다.

"옴리트바알아, 이제 그만 이곳을 떠나도록 해라! 이렇게 더는 못 산다. 가치가타긴 근처에 케레크 사람들이 사는 아라타 마을이 있단다. 그곳에 숨어 있어라."

한 코랴크인이 옴리트바알을 도토리나무 숲에 숨겨 주었다. 얼마나 오래 숨어 있었는지 기억도 나지 않는다. 여름이었다. 물고기들이 활개를 치면서 돌아다녔다. 숲까지 물고기 냄새가 전해 왔다. 옴리트바알을 숨겨 준 사람은 옴리트바알이 숨어 지내는 내내 물고기 머리를 가져다주었다. 라글라타는 며칠 동안 미친 듯이 옴리트바알을 찾으러 다녔다. 창으로 숲 이곳저곳을 찌르면서 광폭하게 날뛰었다.

"옴리트바알! 너 어디에 있는 거야?"

옴리트바알은 불안한 마음에 한시도 편하지가 않았다.

'너무 무서워! 들키면 분명 창으로 죽일 텐데…. 이 일을 어쩌면 좋아!'

어느 날 옴리트바알을 숨겨 준 사람이 케레크인 마을로 가는 길과 방법을 알려 주었다. 켈리네이산 옆 폿포트 호수를 따라가면 케레크인 마을이 나온다고 했다.

"가는 길에 분화구가 있는데 그 맞은편에 마을이 있단다. 무서워하지 마라. 그곳에는 케레크 사람들이 제법 많이 살고 있단다."

옴리트바알은 여름용 짧은 윗도리를 입고 있었고 신발도 여름용이라 얇았으며 양말은 신지 않고 있었다. 말이 옷이지 거의 벌거벗은 것이나 다름없었다. 분화구에 도착했다. 옴리트바알의 뒤에 타놈린이라는 청년이 따라오고 있었다.

처음에 옴리트바알은 청년이 두려워 어디론가 숨으려 했다. 하지만 청년은 옴리트바알에게 무척 다정다감했다.

“저를 너무 무서워하지 마세요. 그런데 누구세요?”

“저는 옴리트바알이에요.”

케레크인 마을에 도착했다. 타놈린의 여동생 올나우트는 옴리트바알에게 바다표범 고기를 비롯해 맛난 음식들을 아낌없이 대접했다. 따뜻한 옷도 주었다. 동생이 그곳에 있다는 소식을 접한 옴리트바알의 오빠 누타베이가 동생을 데리러 왔다. 그런데 옴리트바알에게 정이 든 타놈린의 부모가 옴리트바알을 며느리로 맞이하고 싶다고 했다.

마침 누타베이가 그곳에 있을 때 라글랴타와 그 일당이 배를 타고 옴리트바알을 데리러 왔다.

“여자를 이리 주시오! 데려가겠소!”

큰 싸움이 벌어지기 직전이었다. 누타베이가 타놈린에게 말했다.

“옴리트바알을 저자들에게 줄 거면 내가 집으로 데리고 가겠소!”

“아닙니다. 옴리트바알은 지금껏 너무 힘들게 살았소. 어디에도 보내지 않을 거요. 라글랴타는 옴리트바알에게 해도 해도 너무했소. 인간의 탈을 쓰고 그럴 수는 없소. 이제부터 옴리트바알은 내가 지킬 거요! 옴리트바알, 당신을 강제로 배에 태우는 자가 있으면 그 자리에서 죽여 버리겠소!"

라글랴타가 말했다.

"여자를 주지 않으면 당신들을 모두 죽이겠소!"

코랴크 남자는 정말 집요하게 아니, 지겨울 정도로 옴리트바알을 내놓으라고 으르렁댔다. 타놈린이 옴리트바알에게 말했다.

"한밤중 모두 잠에 곯아떨어지면 발카피욜깃킨에게 가서 잠시 숨어 있는 것이 좋겠소."

옴리트바알은 그곳을 떠나 몸을 숨겼다. 코랴크인은 옴리트바알이 없어졌다며 되도 않는 쌍스러운 욕설을 퍼부으면서 길길이 날뛰었다. 그러다 결국 떠났고 옴리트바알은 다시 타놈린의 집으로 옮겨 왔다. 타놈린은 옴리트바알과 결혼을 했다. 결국 오빠 누타베이도 빈손으로 집으로 돌아갔다. 하지만 둘 사이에는 오랫동안 아이가 없었다.

어느 날 망을 들고 타놈린, 옴리트바알, 옴리트바알의 큰오빠 케지긴토 셋이서 새를 잡으러 가치가타긴에 갔다. 절벽으로 망을 던졌는데 마침 새가 걸려들었다. 케지긴토는 위쪽에, 타놈린은 아래쪽에 있었다. 그때 케지긴토가 느닷없이 큰 소리로 웃으면서 돌을 아래로 굴렸다. 돌이 타놈린에게 우르르 떨어지면서 이를 피하려던 타놈린은 편평한 바위로 굴러떨어졌다. 모닥불 옆에 앉아 있던 옴리트바알은 이상한 소리가 들려 불안한 마음을 안고 달려갔다.

"타놈린! 어디에 있어요? 무슨 일이에요?"

케지긴토가 목소리를 낮추면서 여동생에게 말했다.

"타놈린이 바위로 굴러떨어졌어. 새를 잡을 때 내가 큰 소리로 웃는 바람에 눈치채지 못한 것 같은데…. 사실은 타놈린을 죽이고 너를 집에 데려가려고 내가 돌을 아래로 굴렸어."

"왜 그랬어? 빨리 아래로 내려가야겠어!"

옴리트바알은 이끼를 뜯어 가지고 황급히 아래로 내려갔다. 타놈린은 바위에 누워 있었다. 타놈린의 주위에는 피가 흥건했다. 머리는 깨졌지만 다행히 뼈는 다치지 않았다. 옴리트바알은 타놈린의 머리에 묻은 피를 닦아 낸 뒤 이끼를 엮어 머리에 묶었다. 조금 지나니 타놈린의 상태가 한결 좋아졌다. 옴리트바알은 타놈린을 위해 튼튼한 지팡이를 구해 왔다. 타놈린은 그 지팡이를 짚고 옴리트바알의 부축을 받으면서 집으로 돌아왔다. 이 사건을 끝으로 가련한 옴리트바알의 시련은 막을 내렸다. 이후 부부는 세상 모두 부러워할 만큼 행복하게 살았다.

철로 만들어진 악령

언젠가 할머니가 두 손녀를 키우면서 살고 있었다. 어느 날 악령이 몰래 이 집에 숨어들었다가 할머니에게 딱 걸리는 바람에 문고리에 묶이는 신세가 되었다. 이날 밤 악령과 싸우느라 피곤에 전 할머니는 일찌감치 잠이 들었다. 할머니가 잠이 들자 악령이 막내 손녀에게 말했다.

"이봐, 막내야, 할머니가 주무실 때 나를 좀 풀어 줘."

"안 돼! 풀어 줄 수 없어. 할머니가 사람을 잡아먹는 너의 그 못된 짓을 이제는 못 하게 해야 한다고 했어. 너는 너무 흉악하고 아둔하기 때문에 묶여 있어야만 해."

악령이 언니 손녀에게 말했다.

"이봐, 나를 좀 풀어 줘!"

언니보다 더 영리한 막내가 끼어들었다.

"안 돼, 절대 풀어 주지 마!"

악령은 다시 언니에게 매달렸다.

"제발 나를 좀 풀어 줘, 제발 부탁이야!"

언니는 악령이 너무 가여워 풀어 주었다. 그러자 악령은 쇠갈고리를 들고 마을을 돌아다니기 시작했다. 어느 집 굴뚝에 올라가 안을 들여다보니 남자들은 모두 사냥을 떠났는지 집 안에는 여인들만 있었다. 악령이 굴뚝에서 소리쳤다.

"이봐! 뭐 해? 자?"

"아니, 안 자!"

"그런데 무슨 소리 안 들려? 애들이 꽥꽥 소리 지르면서 장난치는 소리 같은데?"

"아니, 아무 소리도 안 들려. 바람에 지붕이 흔들리는 소리겠지."

"그렇구나. 지금 갈고리를 내려보내서 잡으려고."

"대체 무얼 잡으려고?"

"거위.[8]"

"거위는 여름철 절벽에 가야 있지. 여기에 거위는 없고 사람들만 있어."

"그렇구나! 내가 잘못 왔나 보네…."

"그러니 쓸데없는 데 힘쓰지 마!"

"알았어! 그런데 잘 봐! 이제 진짜로 갈고리를 내려보낸다."

"그런데 갈고리를 왜 내려보내는데? 누구를 잡으려고?"

악령은 갈고리를 내려보내면서 흥에 겨워 노래를 불

---

8) 케레크인은 봄가을에 새를 잡아 모닥불 위에서 말린 뒤 벽에 걸어 두었다가 겨울에 먹는다.

렸다.

“오늘 먹을 음식이 생겼네! 내일까지도 충분해! 누구부터 먹을까? 누구에게 갈고리를 던질까? 이봐, 거위들! 너희는 대체 어디에 있는 거야?”

“여기에 거위는 없다고 이미 말했잖아! 너 혹시 바보 아니니?”

“그렇다면 하는 수 없지. 너희를 잡아먹어야지.”

“안 돼, 들어오지 마! 거기에서 한 발짝도 움직이지 마! 우리가 거위를 찾아볼게.”

한 여인이 벽에 구멍을 뚫어 밖으로 나가려고 하는데 악령이 소리쳤다.

“자, 잘 봐! 갈고리를 다시 내려보내서 잡을 거야!”

“알았어. 내려보내.”

“누구를, 대체 누구를 먼저 잡아먹을까? 오늘 내일 먹을 게 생겼네! 룰루랄라!”

갑자기 무언가 갈고리에 걸리는 느낌이 들어 끌어올려 보니 허수아비였다. 멍청한 악령은 허수아비를 자세히 보지도 않고 화가 나서 그 자리에서 찢어 버렸다. 밖에는 바람이 심하게 불고 있었다. 허수아비에 들어 있던 풀이 전부 악령의 눈으로 날아갔다. 여인들이 마른풀을 허수아비 모양의 자루에 잔뜩 집어넣은 뒤 갈고리에 걸어 주었던 것이다. 악령이 비명을 질렀다.

"아악! 내게 쓰레기를 던지다니! 이게 대체 뭐야? 무얼 넣어 둔 거야? 거위인가? 아니야, 거위는 아니야! 이게 대체 뭐야!"

악령은 풀이 빠져 쪼그라든 허수아비를 굴뚝을 통해 집 안으로 도로 집어 던졌다.

"너희 것이니 도로 가져가. 내게는 필요 없어. 거위가 아니잖아."

악령이 허수아비와 씨름하는 동안 여인들은 벽에 구멍을 뚫어 몰래 기어 나와 도망갔다.

"두고 봐, 가만두지 않겠어! 너희를 잡아 죽이겠어!"

악령은 씩씩거리며 집 안으로 들어갔다. 그런데 아무도 없는 텅 빈 집이 아닌가! 기둥에 묶인 개만 눈을 껌벅거리면서 가만히 앉아 있었다. 개에게 물었다.

"사람들은 어디에 있니?"

개는 말이 없었다. 말을 못 알아듣나? 아니면 말을 못 하나? 개는 앞에 있는 것이 악령이라는 사실을 알고 있었다. 그 순간 개가 악령의 눈을 할퀴었고 악령은 자지러지게 비명을 질렀다.

"아악! 악! 이게 무슨 짓이야? 내 눈! 좀 전에는 먼지를 뒤집어썼는데 이제는 네가 할퀴는 바람에 너무 아파서 보이지 않잖아! 대체 나한테 왜들 이러는 거야?"

이렇게 개가 악령과 실랑이를 벌이는 사이 여인들은 바닷가에 도착했다. 여인들이 다가가자 바다 할머니가 다리를 바다 반대편으로 쭉 뻗으면서 말했다.

"내 다리를 딛고 빨리 바다 반대편으로 건너가도록 해라."

여인들이 바다 반대편에 도착했다. 시간이 흐르면서 악령은 안정을 되찾았고 점점 제정신으로 돌아왔다. 쇠갈고리를 든 악령은 벽에 뚫린 구멍을 보면서 생각했다.

'아아! 내가 허수아비랑 싸우는 사이 이 구멍으로 빠져나갔구나. 분명 여자들이었는데…. 어디로 달아났을까….'

악령이 밖에 나가서 살펴보니 여인들의 발자국은 바닷가로 이어져 있었다. 악령은 여인들의 뒤를 쫓아 바다 할머니에게 달려갔다. 할머니는 쓰레기 더미로 보이는 진흙 허수아비를 씻고 있었다. 악령이 물었다.

"할머니, 뭐 하세요? 뭘 씻는 거예요? 왜 씻는 거죠?"

"옷을 씻고 있단다."

"아하! 이게 옷이라고요? 거짓말하지 마세요."

악령은 진흙 허수아비를 할머니에게 빼앗아 바다에 던지면서 비웃었다.

"아니에요, 이건 절대 옷이 아니에요!"

"이게 어떻게 옷이 아니냐? 나는 바다에서 살기 때문에 그런 옷만 입고 다닌단다."

"우리 할머니는 철 옷만 입고 다녔어요. 그건 그렇고 혹시 여인들을 봤나요? 발자국이 여기로 이어지던데요. 도대체 어디로 숨었을까?"

"여인들을 봤지. 여인들은 바닷물을 마신 뒤 길을 만들어 저기로 건너가더구나."

"어떻게 그럴 수가 있죠? 저도 바닷물을 마실 수 있을까요?"

"그럼! 너도 할 수 있지. 여인들도 마셨는데 네가 왜 못 마시겠니?"

"그래요? 그럼 한번 마셔 볼까요?"

악령이 바닷물을 마시기 시작했는데 아무리 마셔도 바닷물은 조금도 줄어들지 않았다. 쉬지 않고 마셔 대던 어리석은 악령은 어느 순간 고통을 하소연하더니 결국 배가 터지면서 물거품이 되었다. 바다 할머니는 죽은 악령을 바다에 던지면서 말했다.

"철로 만들어진 악령의 모든 몸은 사람들에게 필요한 여러 물건으로 바뀌어라. 머리는 주전자가 되고 팔다리는 소총이 되고 뇌는 구슬이 되거라. 악령의 내장은 인간에게 필요한 것들이 되어라."

바다 할머니가 말한 대로 되었다. 이 이야기는 여기서 끝이 나는 게 아니라 두 친구가 더 등장한다. 두 친구의 이름은 똑같이 잇침이다. 잇침이 다른 잇침에게 말했다.

"잇침아, 해변에 가자!"

"할머니에게 물어봐야 해!"

할머니에게 가서 물었다.

"할머니, 잇침이 해변에 가자고 하네요."

"누구라고?"

"잇침이요."

"안 돼! 해변을 돌아다니는 건 남자들이 할 일이 아니야. 그건 여자들이나 하는 일이야!"

"그럼 해변에 가지 말라는 말씀인가요?"

"그래, 가지 말거라! 잇침에게 혼자 가라고 해라. 할머니가 허락하지 않는다고 말하렴."

잇침이 친구 잇침에게 가서 말했다.

"너 혼자 가야겠어. 할머니가 못 가게 해."

"알았어. 할 수 없지 뭐. 나 혼자 갈게. 해변에 가면 필요한 것들이 무척 많을 텐데…."

"할머니가 보내 주지 않으니 어쩔 도리가 없네. 해변에 갔다가 들통이라도 나면 크게 혼날 거야. 그러니 너 혼자 가야겠어."

"알았어. 혼자 갈게."

잇침은 해변을 걷다가 예기치 않게 접는 칼, 주전자, 소총, 구슬 등 진기한 물건들을 헤아릴 수 없이 많이 발견했다. 도대체 이게 웬 행운이란 말인가! 이 모든 것은 악령의 몸이 변한 것이었다. 모두 모아 한 짐 짊어지고 집으로 왔다. 생활에 필요한 것들을 거의 다 구한 셈이었다. 잇침은 아주 부자가 될 판이었다. 잇침은 집에 가서 누나들을 불렀다. 잇침의 첫째 누나는 일리나우고 둘째 누나는 카이킬류카나우[9]였다.

"누나들! 이리 나와 봐! 일리나우 누나! 카이킬류카나우 누나! 빨리 나와 봐! 엄청난 것들을 가지고 왔어!"

누나들은 잇침의 말에 귀가 번쩍 띄어 한걸음에 달려 나왔다.

"그게 다 뭐야? 쇳소리가 나는데!"

"해변을 거닐다가 생각지도 못한 물건들을 발견했어. 친구 잇침에게도 가자고 했는데 싫다고 했어. 그래서 혼자 갔다가 떼부자가 되었네. 아직도 거기에는 내가 미처 가지고 오지 못한 물건들이 산더미같이 쌓여 있어. 이거 내려놓고

---

9) 카이킬류카나우 : 일리나우의 여동생이자 까마귀 쿠키의 손녀. 쿠키가 열매에서 만들었다.

빨리 같이 가자. 그리고 이 구슬은 누나들이 가져. 쿠키의 아들인 사촌 형 아우팔리에게는 접는 칼을 주어야겠어. 빨리 가자. 누가 가져가기 전에 물건들을 가지고 오자!"

"그래, 빨리 가자!"

해변으로 간 남매들은 다시 진귀한 물건들을 어마어마하게 짊어지고 집으로 돌아왔다. 이 광경을 본 사촌 여동생이 말했다.

"주전자 하나만 줘. 대체 이것들이 어디서 난 거야?"

그사이 친구 잇침은 해변에 가자고 했던 잇침에게 놀러 갔다.

"세상에! 잇침은 아주 부자가 되었네. 해변에 가면 필요한 물건들을 많이 찾을 수 있다는 잇침의 말이 헛말이 아니었군."

"너는 할머니가 보내 주지 않았잖아. 누나들! 내 친구 잇침에게 접는 칼을 주자."

누나들이 친구 잇침에게 칼을 주자 잇침은 뛸 듯이 기뻐하면서 집으로 달려가 할머니에게 말했다.

"할머니! 잇침은 아주 부자가 되었어요. 그 친구가 해변에 가면 필요한 물건들을 많이 찾을 수 있다고 한 말이 헛말이 아니었어요. 할머니가 안 보내 주는 바람에 저는 못 갔잖아요."

"도대체 몇 번이나 말을 해야 되니! 해변은 그런 물건이 있는 곳이 아니고 먹을거리가 널린 곳이야. 그래서 남자들은 해변을 들락날락하면 못써!"

할머니가 심하게 꾸중을 했다.

"알았어요. 이제부터는 아무 말도 안 할게요!"

다시 친구 잇침의 집에 가니 이번에도 무척 반갑게 맞아주었다.

"잇침아! 또 왔구나."

"응!"

"너무 우울해하지 마! 내가 일부러 혼자 간 게 아니잖아. 내가 가자고 했는데 너는 할머니 때문에 못 간 거잖아. 그러니 이제는 기분 풀어!"

그 순간 인누나쿠트라는 여인이 끼어들었다.

"네가 누나들에게 구슬을 준 것은 아주 잘한 일이야. 여자들은 구슬을 무척 좋아하거든."

이렇게 이야기는 끝이 났다.

해 설

케레크인 설화에 대해

케레크인 설화는 거의 알려지지 않아 본 책에 소개할 수 있는 이야기가 많지 않다. 본 책에는 모두 13편의 이야기가 실려 있다. 까마귀 이야기 여섯 편, 동물 이야기 세 편, 지혜로운 케레크인 이야기 네 편이다.

케레크인 설화는 코략크인, 축치인, 이텔멘인 설화와 비슷하지만 주제, 모티프, 서사 구조의 측면에서 이텔멘인 설화에 가장 가깝다. 케레크인 설화의 특징은 크게 세 가지로 나누어 볼 수 있다. 첫째, 까마귀 쿠키를 모티프로 한 이야기의 비중이 가장 높다. 설화 속에서 쿠키는 케레크인의 문화를 만든 신화적 영웅으로 등장한다. 설화를 근거로 까마귀 쿠키의 가족 관계를 정리하면 아내는 미티, 큰아들은 시쿨릴란, 큰딸은 시닐림닐나쿠트, 둘째 아들은 아난타킬란, 둘째 딸은 아나이웁티나쿠트, 막내아들은 아우팔리, 손녀는 일리나우, 여우는 사촌 여동생이고 토끼와도 친척이다.

케레크인 설화 속의 쿠키는 단순하고 장난을 좋아하며

심술궂고 거짓말을 잘하지만 누구에게 해를 끼칠 의도는 전혀 없다. 오히려 좋은 일, 유익한 일을 하려고 하지만 정반대의 결과가 나타나기 일쑤다. 쿠키는 아내 미티를 매우 열정적으로 사랑하는데 때로는 애처가를 넘어 공처가의 모습을 보인다.

쿠키의 샤먼 숭배 사상은 매우 철저한데 이는 음식을 구할 때마다 감사 의식을 거행하는 장면에서 잘 드러난다. <쿠키 할아버지>에서는 어린 토끼들의 바다표범을 빼앗아 집으로 돌아온 뒤, <쿠키와 교활한 여우>에서는 콘티트발에게 말린 순록 고기, 양고기를 얻어 온 뒤 아내 미티에게 감사 의식을 하도록 한다. 그뿐 아니라 쿠키 자신도 대단히 영험하고 뛰어난 샤먼이다. <늑대에게 혼쭐이 난 쿠키>에서 쿠키는 고기 조각으로 변해 늑대가 가는 길에 누워 있었는데 아무것도 모르는 늑대가 먹는 바람에 힘들이지 않고 늑대의 배 속으로 들어간다. 늑대가 걸어가는 동안 쿠키는 늑대의 내장, 폐, 콩팥, 심장을 밖으로 내던져 늑대를 죽음에 이르게 한다. 그리고 고기 조각으로 장기를 만들어 늑대의 몸 안에 넣어 늑대를 다시 살려 낸다. 쿠키는 이런 강력한 주술적 능력을 가지고 있음에도 게으르고 겁이 많다. <태양을 두려워하는 쿠키>에서 쿠키는 미티와 결혼을 했지만 태양을 두려워해 태양이 떠오르면 맥없이 땅에 쓰러졌다. 그 탓에 아내 미티가 생계를 비롯해 집안의 모든 일을 다 떠안아야만 했다. <늑대에게 혼쭐이 난 쿠키>에서는 막내 늑대가 죽은 형들을 찾으러 오자 무서워서 커튼 뒤에 숨는다.

둘째, 자식들이 부모보다 더 현명하고 지혜로울 뿐만 아니라 부모에게 삶의 지침을 내리기도 한다는 점이다. <쿠키와 교활한 여우>, <사냥을 싫어하는 여우와 까마귀>, <끝이 없는 여우의 장난>에서 여우는 무얼 해야 할지 항상 딸 이민나에게 물어보고 이민나는 거짓말을 한다고 엄마를 나무라면서 바르게 살라고 훈계한다. <쿠키와 교활한 여우>에서 쿠키의 막내아들 아우팔리는 여우가 자신의 부모를 속이면서 어떤 짓을 하려고 하는지 부모보다 먼저 눈치채고 부모에게 알려 주지만 부모는 오히려 아우팔리를 나무란다. 이는 조상이 환생해 자식으로 태어난다는 케레크인 방식의 윤회 사상을 말해 준다.

셋째, 여우를 모티프로 한 이야기가 많다. 이야기 속에서 여우는 아이들을 데리고 혼자 사는데 교활하고 게으르며 시시때때로 남에게 피해를 준다. 여우가 이렇게 행동하는 이유는 오로지 남을 속여서 먹을 것을 구하기 위해서다. <사냥을 싫어하는 여우와 까마귀>에서 스스로 먹을 것을 구하기 싫은 여우는 까마귀를 속여 음식을 구하려다 혼쭐이 난다. <끝이 없는 여우의 장난>에서는 쥐들에게 거짓말을 해 양고기를 얻고 곰을 속여 죽음에 이르게 해 곰 고기를 얻는다. 전반적으로 케레크인의 여우에 대한 의식은 부정적인데 이는 케레크인의 생활에 여우가 많은 피해를 주었기 때문으로 추정된다.

케레크인 사이에는 민족 영웅, 케레크인의 지혜를 모티프로 한 이야기는 그리 많지 않지만 <적을 죽인 영민한 아이>에서는 두 살에 불과한 아이가 무사를 이기고, <무사 테밀과 무사 벨빌레비트>에서는 흉폭하고 미련한 테밀이라는 무사를 나이가 훨씬 어린 벨빌레비트가 쥐의 도움을 받아 이긴다. 전반적으로 케레크인 설화의 저변에는 아이들이 지혜롭고 현명하다는 생각이 깔려 있다.

케레크인의 현재 상황

2010년 러시아연방공화국 인구조사에 의하면 케레크인은 추콧카 자치구의 베링 지역에 네 명이 생존해 있다. 1959년에는 생존자의 수가 100명이었는데 이후 급격히 수가 감소하면서 절멸 위기에 처했다. 케레크인의 수가 급격히 감소한 것은 18세기 말부터인데 그 이유는 첫째, 몇 개의 마을에 가족 단위로 흩어져서 축치인과 같이 살면서 축치인에게 동화되었기 때문이다. 둘째, 18세기 축치인과 코랴크인 사이에 혈전이 벌어졌을 때 양측의 공격 대상이 되면서 성인 남성들은 죽임을 당했고 아이와 여성들은 노예로 끌려갔다. 당시 이들에 맞서 적극적으로 대항할 능력이 없었던 케레크인은 절벽의 동굴이나 인적이 드문 곳으로 잠적했고 이에 더해 유행병이 창궐하면서 그 수가 급격하게 감소했다.

케레크인을 부르는 명칭

러시아인은 처음에는 케레크인을 코랴크인으로 불렀으나 19세기 말부터는 '추흐마리'라고 불렀다. 추흐마리는 캄차카반도의 넓은 지역에 걸쳐 거주하는 축치인을 부르는 명칭으로 축치인을 경멸하는 담겨 있기 때문에 학술적으로는 거의 사용되지 않는다. 1911년 연해주의 총독으로 부임한 니콜라이 곤다티(Николай Л. Гондатти, 1860~1946)가 민족명으로 케레크를 문헌에 기록한 이후에는 케레크라고 불렀다. 케레크는 축치인들이 코랴크인들과 구별하기 위해 케레크인을 부르던 명칭이다.

케레크인의 자칭은 '해변의 사람들'이라는 의미의 '앙칼

라쿠트'인데 추콧카반도의 케레크인들과 구별하기 위해 캄차카반도의 케레크인은 '카라키쿠'라는 명칭을 사용한다.

케레크인의 언어

케레크어는 고립어로 고아시아 제어에 속하는데 코랴크어와 아주 유사해 종종 코랴크어 방언으로 간주되기도 한다. 현재 케레크인의 주요 언어는 케레크어와 러시아어인데 1991년 케레크어 사용자는 세 명에 불과했다. 케레크어에서는 이누이트어의 단어들이 다수 발견된다. 케레크인은 언어에 따라 나바린 케레크인과 하디르 케레크인으로 나누어진다. 나바린 케레크인은 '상류'라는 의미의 '이울라라쿠트', 하디르 케레크인은 '하류'라는 의미의 '이우틸라쿠트'로 불린다.

케레크인의 주요 경제 활동

케레크인의 주요 경제 활동은 어로, 바다 동물과 모피 동물 사냥, 대규모 순록 사육으로 순록 사육에 종사하지 않는 가정은 거의 없다. 해초 채집과 툰드라 열매와 식물 채집도 경제 활동에서 큰 부분을 차지하는데 전적으로 여성의 몫이다. 계절별로는 가을에는 바다표범과 해마 사냥, 겨울에는 모피 동물 사냥, 봄에는 새 사냥, 여름에는 어로에 종사한다.

케레크인의 주거

케레크인 마을은 겨울 마을과 여름 마을로 나뉜다. 겨울 마을은 비교적 규모가 크고 내부에 집이 없는 형태거나 내부에 집 세 채가 있는 움집 형태다. 한 움집에 여러 가정이 함께 거주한다. 케레크인은 첫눈이 내리면 겨울 마을로 이동하는데 마을 옆에는 가재도구와 사냥 도구 등을 보관하는 창고가 있다. 봄이 되면 여름 마을로 이주하며 여름 마을은 날림 집 같은 형태로 일시적인 거주지다.

케레크인 마을은 강 하구 인근 모래밭이나 석호 또는 해마와 바다표범의 서식지 근처에 위치하는데 여름에는 물고기가 많은 곳으로 옮긴다. 과거 한때 케레크인은 다른 민족의 침입을 받거나 전염병이 창궐하면 시기와 무관하게 마을을 버리고 다른 곳으로 떠났다. 가령 1652년 러시아 카자크인의 침입을 받은 케레크인은 게크만의 니그린 마을을 버리고 투만강과 그 남쪽으로 옮겨 갔다. 또 18세기 중반쯤 순록 사육에 종사하는 축치인이 대규모로 아나디르강 우안으로 이동해 케레크인이 거주하는 투만강, 벨리카야강, 하티르카강 계곡을 차지했다. 그 탓에 축치인과 케레크인의 대규모 혈전이 벌어졌고 결국 케레크인은 마을을 버리고 더 남쪽인 바리코프와 나바린만 쪽으로 옮겨 갔다.

케레크인의 가정

케레크인 가정은 5～6명으로 이루어지며 한집에서 사는데 이들이 독립된 하나의 경제 단위가 된다. 가정은 부부와 자녀들로 이루어지며 결혼한 아들은 부모와 함께 거주하기도 하고 독립적인 생활을 꾸리기도 한다. 결혼을 하면 여자는 남편의 집으로 옮겨 간다. 가족 간의 관계는 매우 친밀하고 돈독하다. 공동생활권을 이룰 만큼 친척끼리의 관계는 아주 특별하다. 친척은 집단적으로 바다표범 사냥을 하고 친척이 사냥을 못했을 경우 바다표범 지방, 말린 물고기 등을 주면서 서로를 도와줄 의무가 있으며 담배, 차, 설탕 등을 나누어 먹는다.

케레크인의 전통 신앙

케레크인의 전통 신앙은 샤머니즘과 조상 숭배 사상이다. 모든 케레크인 마을에는 제물을 바치는 '카마크'라는 성소가 있는데 일차적으로 이곳에 고래 턱뼈를 꽂은 해마의 두개골을 쌓아 둔다. 성소는 아파팔리(할아버지) 혹은 일라필리(할머니)라고도 불리는데 이는 조상 숭배 사상과 관련이 있다. 외관상 이곳은 순록의 두개골과 뿔, 해마, 강치, 곰 등 여러 동물들의 두개골을 쌓아 놓은 것처럼 보인다. 1930년대 초까지 성소에는 사람의 얼굴을 형상화한 나무 기둥이 서 있었는데 지금은 없고, 2010년 기준 생존한 케레크인도 네 명에 불과해 성소도 큰 의미가 없다. 하지만 성소에는 여전히 순록의 두개골과 뿔, 사냥한 동물의 두개골, 이 동물들을 사냥할 때 사용한 사냥 도구 등이 쌓여 있다. 카마크는 케레크어 '카마캄'에서 유래된 것으로 추정된다. '카마캄'은 '음식', '쟁반', '나무로 만든 헌제 의식용 음식 모형'을 의미하는데 같은 의미를 가진 단어로 축치어에 '케멘', 코랴크어에 '카만가'가 있다. 즉 카마크에서 제의용 음식 카마캄을 바치면서 마을 수호신과 두개골에 대한 헌제 의식이 거행되었기 때문에 두 단어는 충분한 상관관계가 있다.

옮 긴 이 에 대 해

엄순천은 러시아어학 박사다. 현재 성공회대 외래교수로 재직 중이며 시베리아 소수민족 언어 및 문화에 관심을 가지고 연구 중이다. 저서로 ≪잊혀져가는 흔적을 찾아서: 퉁구스족(에벤키족) 씨족명 및 문화 연구≫(2016), 역서로 ≪북아시아설화집 3: 나가이바크족, 바시키르족, 쇼르족, 코미족, 텔레우트족≫(2015), ≪예벤키인 이야기≫(2017) 등이 있다. 연구 논문으로는 <중국 문헌 속 북방지역 소수종족과 퉁구스족과의 관계 규명: 순록 관련 기록을 중심>(2018), <에벤키족 음식문화의 특성 분석 - 인문지형학, 인문경제학, 민속학적 관점에서>(2017) 등이 있다.

케레크인 이야기

작자 미상
옮긴이 엄순천
펴낸이 박영률

초판 1쇄 펴낸날 2018년 11월 13일

지식을만드는지식
02880 서울시 성북구 성북로 5-11 (성북동1가 35-38)
전화 (02) 7474 001, 팩스 (02) 736 5047
출판등록 2007년 8월 17일 제313-2007-000166호
전자우편 zmanz@commbooks.com
홈페이지 www.commbooks.com

ZMANZ
5-11, Seongbuk-ro, Seongbuk-gu, Seoul, 02880, KOREA
phone 82 2 7474 001, fax 82 2 736 5047
e-mail zmanz@commbooks.com
homepage www.commbooks.com

ISBN 979-11-288-3146-1
979-11-288-3147-8(큰글씨책)
979-11-288-3148-5(PDF 전자책)

책값은 뒤표지에 있습니다.

문학

한국 ≪포의교집≫ 외

일본 ≪바다에서 사는 사람들≫ 외

고대 그리스 ≪히폴리투스≫ 외

독일 ≪길쌈쟁이들≫ 외

스페인 ≪위대한 술탄 왕비≫ 외

유럽 ≪로칸디에라≫ 외

중남미 ≪네루다 시선≫ 외

중국 ≪서상기≫ 외

아시아 ≪물고기 뼈≫ 외

영국/미국 ≪빨래≫ 외

프랑스 ≪홍당무≫ 외

러시아 ≪유리 나기빈 단편집≫ 외

아프리카 ≪아딜리와 형들≫ 외

퀘벡 ≪매달린 집≫ 외

예술

미술 ≪예술에 관한 판타지≫ 외

연극 ≪풍자화전≫ 외

한국문학선집

한국문학의 어제와 오늘을 총정리하는 사상 초유의 기획

초판본 한국소설문학선집

한국 근현대문학 120년, 대표 작가 120명의 작품집 101권

초판본 한국시문학선집

한국 근현대문학 120년, 작고 시인 101명의 작품집 99권

한국문학평론선집

한국 대표 문학평론가 50인의 평론집 50권

한국수필문학선집

한국 대표 수필가 50인의 수필집 50권

한국희곡선집

문학성과 공연성이 입증된 한국 대표 희곡 100권

한국 대표 시인의 육필시집

한국 시단을 주도하는 시인들이 직접 쓴 시집 80권

한국동화문학선집

한국 아동문학사에 기록될 동화작가 120명의 작품집 100권

한국동시문학선집

한국 동시의 역사이자 좌표, 동시작가 111명의 작품집 100권

단행본

≪고려 후기 한문학과 지식인≫ 외